BIRMAANS
WOORDENSCHAT

THEMATISCHE WOORDENLIJST

NEDERLANDS
BIRMAANS

De meest bruikbare woorden
Om uw woordenschat uit te breiden en
uw taalvaardigheid aan te scherpen

3000 woorden

Thematische woordenschat Nederlands-Birmaans - 3000 woorden

Door Andrey Taranov

Woordenlijsten van T&P Books zijn bedoeld om u woorden van een vreemde taal te helpen leren, onthouden, en bestudering. Dit woordenboek is ingedeeld in thema's en behandelt alle belangrijk terreinen van het dagelijkse leven, bedrijven, wetenschap, cultuur, etc.

Het proces van het leren van woorden met behulp van de op thema's gebaseerde aanpak van T&P Books biedt u de volgende voordelen:

- Correct gegroepeerde informatie is bepalend voor succes bij opeenvolgende stadia van het leren van woorden
- De beschikbaarheid van woorden die van dezelfde stam zijn maakt het mogelijk om woordgroepen te onthouden (in plaats van losse woorden)
- Kleine groepen van woorden faciliteren het proces van het aanmaken van associatieve verbindingen, die nodig zijn bij het consolideren van de woordenschat
- Het niveau van talenkennis kan worden ingeschat door het aantal geleerde woorden

T&P Books Publishing
www.tpbooks.com

Dit boek is ook beschikbaar in e-boek formaat.
Gelieve www.tpbooks.com te bezoeken of de belangrijkste online boekwinkels.

BIRMAANSE WOORDENSCHAT
nieuwe woorden leren

T&P Books woordenlijsten zijn bedoeld om u te helpen vreemde woorden te leren, te onthouden, en te bestuderen. De woordenschat bevat meer dan 3000 veel gebruikte woorden die thematisch geordend zijn.

- De woordenlijst bevat de meest gebruikte woorden
- Aanbevolen als aanvulling bij welke taalcursus dan ook
- Voldoet aan de behoeften van de beginnende en gevorderde student in vreemde talen
- Geschikt voor dagelijks gebruik, bestudering en zelftestactiviteiten
- Maakt het mogelijk om uw woordenschat te evalueren

Bijzondere kenmerken van de woordenschat

- De woorden zijn gerangschikt naar hun betekenis, niet volgens alfabet
- De woorden worden weergegeven in drie kolommen om bestudering en zelftesten te vergemakkelijken
- Woorden in groepen worden verdeeld in kleine blokken om het leerproces te vergemakkelijken
- De woordenschat biedt een handige en eenvoudige beschrijving van elk buitenlands woord

De woordenschat bevat 101 onderwerpen zoals:

Basisconcepten, getallen, kleuren, maanden, seizoenen, meeteenheden, kleding en accessoires, eten & voeding, restaurant, familieleden, verwanten, karakter, gevoelens, emoties, ziekten, stad, dorp, bezienswaardigheden, winkelen, geld, huis, thuis, kantoor, werken op kantoor, import & export, marketing, werk zoeken, sport, onderwijs, computer, internet, gereedschap, natuur, landen, nationaliteiten en meer ...

INHOUDSOPGAVE

UITSPRAAKGIDS

MLC-transcriptiesysteem (MLCTS) wordt in dit boek als transcriptie gebruikt.
Een beschrijving van dit systeem is hier te vinden:
https://en.wiktionary.org/wiki/Wiktionary:Burmese_transliteration
https://en.wikipedia.org/wiki/MLC_Transcription_System

AFKORTINGEN
gebruikt in de woordenschat

Nederlandse afkortingen

abn	-	als bijvoeglijk naamwoord
bijv.	-	bijvoorbeeld
bn	-	bijvoeglijk naamwoord
bw	-	bijwoord
enk.	-	enkelvoud
enz.	-	enzovoort
form.	-	formele taal
inform.	-	informele taal
mann.	-	mannelijk
mil.	-	militair
mv.	-	meervoud
on.ww.	-	onovergankelijk werkwoord
ontelb.	-	ontelbaar
ov.	-	over
ov.ww.	-	overgankelijk werkwoord
telb.	-	telbaar
vn	-	voornaamwoord
vrouw.	-	vrouwelijk
vw	-	voegwoord
vz	-	voorzetsel
wisk.	-	wiskunde
ww	-	werkwoord

Nederlandse artikelen

de	-	gemeenschappelijk geslacht
de/het	-	gemeenschappelijk geslacht, onzijdig
het	-	onzijdig

BASISBEGRIPPEN

1. Voornaamwoorden

ik	ကျွန်ုပ်	kjunou'
jij, je	သင်	thin
hij	သူ	thu
zij, ze	သူမ	thu ma.
het	၎င်း	jin:
wij, we (mann.)	ကျွန်တော်တို့	kjun do. dou.
wij, we (vrouw.)	ကျွန်မတို့	kjun ma. tou.
jullie	သင်တို့	thin dou.
U (form., enk.)	သင်	thin
U (form., mv.)	သင်တို့	thin dou.
zij, ze (mann.)	သူတို့	thu dou.
zij, ze (vrouw.)	သူမတို့	thu ma. dou.

2. Begroetingen. Begroetingen

Hallo! Dag!	မင်္ဂလာပါ	min ga. la ba
Goedemorgen!	မင်္ဂလာနံနက်ခင်းပါ	min ga. la nan ne' gin: ba
Goedemiddag!	မင်္ဂလာနေ့လယ်ခင်းပါ	min ga. la nei, le gin: ba
Goedenavond!	မင်္ဂလာညနေခင်းပါ	min ga. la nja nei gin: ba
gedag zeggen (groeten)	နှုတ်ဆက်သည်	hnou' hsei' te
Hoi!	ဟိုင်း	hain:
groeten (het)	ဟလို	ha. lou
verwelkomen (ww)	နှုတ်ဆက်သည်	hnou' hsei' te
Hoe gaat het?	နေကောင်းလား	nei gaun: la:
Hoe gaat het met u?	နေကောင်းပါသလား	nei gaun: ba dha la:
Hoe is het?	အဆင်ပြေလား	ahsin bjei la:
Is er nog nieuws?	ဘာထူးသေးလဲ	ba du: dei: le:
Dag! Tot ziens!	နောက်မှတွေ့ကြမယ်	nau' hma. dwei. gja. me
Tot ziens! (form.)	ဂွတ်ဘိုင်	gu' bain
Doei!	တာ့တာ	ta. da
Tot snel! Tot ziens!	မကြာခင်ပြန်ဆုံကြမယ်	ma gja. gin bjan zoun gja. me
Vaarwel!	နှုတ်ဆက်ပါတယ်	hnou' hsei' pa de
afscheid nemen (ww)	နှုတ်ဆက်သည်	hnou' hsei' te
Tot kijk!	တာ့တာ	ta. da
Dank u!	ကျေးဇူးတင်ပါတယ်	kjei: zu: din ba de
Dank u wel!	ကျေးဇူးအများကြီးတင်ပါတယ်	kjei: zu: amja: kji: din ba de
Graag gedaan	ရပါတယ်	ja. ba de
Geen dank!	ကိစ္စမရှိပါဘူး	kei. sa ma. shi. ba bu:

10

Geen moeite.	ရပါတယ်	ja. ba de
Excuseer me, ... (inform.)	ဆောရှိးနော်	hso: ji: no:
Excuseer me, ... (form.)	တောင်းပန်ပါတယ်	thaun: ban ba de
excuseren (verontschuldigen)	ခွင့်လွှတ်သည်	khwin. hlu' te

zich verontschuldigen	တောင်းပန်သည်	thaun: ban de
Mijn excuses.	တောင်းပန်ပါတယ်	thaun: ban ba de
Het spijt me!	ခွင့်လွှတ်ပါ	khwin. hlu' pa
vergeven (ww)	ခွင့်လွှတ်သည်	khwin. hlu' te
Maakt niet uit!	ကိစ္စမရှိပါဘူး	kei. sa ma. shi. ba bu:
alsjeblieft	ကျေးဇူးပြု၍	kjei: zu: pju. i.

Vergeet het niet!	မမေ့ပါနဲ့	ma. mei. ba ne.
Natuurlijk!	ရတာပေါ့	ja. da bo.
Natuurlijk niet!	မဟုတ်တာသေချာတယ်	ma hou' ta dhei gja de
Akkoord!	သဘောတူတယ်	dhabo: tu de
Zo is het genoeg!	တော်ပြီ	to bji

3. Vragen

Wie?	ဘယ်သူလဲ	be dhu le:
Wat?	ဘာလဲ	ba le:
Waar?	ဘယ်မှာလဲ	be hma le:
Waarheen?	ဘယ်ကိုလဲ	be gou le:
Waarvandaan?	ဘယ်ကလဲ	be ga. le:
Wanneer?	ဘယ်တော့လဲ	be do. le:
Waarom?	ဘာအတွက်လဲ	ba atwe' le:
Waarom?	ဘာကြောင့်လဲ	ba gjaun. le:

Waarvoor dan ook?	ဘာအတွက်လဲ	ba atwe' le:
Hoe?	ဘယ်လိုလဲ	be lau le:
Wat voor ...?	ဘယ်လိုမျိုးလဲ	be lau mjou: le:
Welk?	ဘယ်ဟာလဲ	be ha le:

Aan wie?	ဘယ်သူ့ကိုလဲ	be dhu. gou le:
Over wie?	ဘယ်သူ့အကြောင်းလဲ	be dhu. kjaun: le:
Waarover?	ဘာအကြောင်းလဲ	ba akjain: le:
Met wie?	ဘယ်သူ့နဲ့လဲ	be dhu ne. le:

Hoeveel?	ဘယ်လောက်လဲ	be lau' le:
Van wie?	ဘယ်သူ	be dhu.

4. Voorzetsels

met (bijv. ~ beleg)	နဲ့အတူ	ne. atu
zonder (~ accent)	မပါဘဲ	ma. ba be:
naar (in de richting van)	သို့	thou.
over (praten ~)	အကြောင်း	akjaun:
voor (in tijd)	မတိုင်မီ	ma. dain mi
voor (aan de voorkant)	ရှေ့မှာ	shei. hma
onder (lager dan)	အောက်မှာ	au' hma
boven (hoger dan)	အပေါ်မှာ	apo hma

op (bovenop)	အပေါ်	apo
van (uit, afkomstig van)	မှ	hma.
van (gemaakt van)	ဖြင့်	hpjin.
over (bijv. ~ een uur)	နောက်	nau'
over (over de bovenkant)	ဖြတ်လျက်	hpja' lje'

5. Functiewoorden. Bijwoorden. Deel 1

Waar?	ဘယ်မှာလဲ	be hma le:
hier (bw)	ဒီမှာ	di hma
daar (bw)	ဟိုမှာ	hou hma.
ergens (bw)	တစ်နေရာရာမှာ	ti' nei ja ja hma
nergens (bw)	ဘယ်မှာမှ	be hma hma.
bij … (in de buurt)	နားမှာ	na: hma
bij het raam	ပြတင်းပေါက်နားမှာ	badin: pau' hna: hma
Waarheen?	ဘယ်ကိုလဲ	be gou le:
hierheen (bw)	ဒီဘက်ကို	di be' kou
daarheen (bw)	ဟိုဘက်ကို	hou be' kou
hiervandaan (bw)	ဒီဘက်မှ	di be' hma
daarvandaan (bw)	ဟိုဘက်မှ	hou be' hma.
dichtbij (bw)	နီးသည်	ni: de
ver (bw)	အဝေးမှာ	awei: hma
in de buurt (van …)	နားမှာ	na: hma
dichtbij (bw)	ဘေးမှာ	bei: hma
niet ver (bw)	မနီးမဝေး	ma. ni ma. wei:
linker (bn)	ဘယ်	be
links (bw)	ဘယ်ဘက်မှာ	be be' hma
linksaf, naar links (bw)	ဘယ်ဘက်	be be'
rechter (bn)	ညာဘက်	nja be'
rechts (bw)	ညာဘက်မှာ	nja be' hma
rechtsaf, naar rechts (bw)	ညာဘက်	nja be'
vooraan (bw)	ရှေ့မှာ	shei. hma
voorste (bn)	ရှေ့	shei.
vooruit (bw)	ရှေ့	shei.
achter (bw)	နောက်မှာ	nau' hma
van achteren (bw)	နောက်က	nau' ka.
achteruit (naar achteren)	နောက်	nau'
midden (het)	အလယ်	ale
in het midden (bw)	အလယ်မှာ	ale hma
opzij (bw)	ဘေးမှာ	bei: hma
overal (bw)	နေရာတိုင်းမှာ	nei ja dain: hma
omheen (bw)	ပတ်လည်မှာ	pa' le hma
binnenuit (bw)	အထဲမှ	a hte: hma.

naar ergens (bw)	တစ်နေရာရာကို	ti' nei ja ja gou
rechtdoor (bw)	တိုက်ရိုက်	tai' jai'
terug (bijv. ~ komen)	အပြန်	apjan
ergens vandaan (bw)	တစ်နေရာရာမှ	ti' nei ja ja hma.
ergens vandaan (en dit geld moet ~ komen)	တစ်နေရာရာမှ	ti' nei ja ja hma.
ten eerste (bw)	ပထမအနေဖြင့်	pahtama. anei gjin.
ten tweede (bw)	ဒုတိယအနေဖြင့်	du. di. ja. anei bjin.
ten derde (bw)	တတိယအနေဖြင့်	tati. ja. anei bjin.
plotseling (bw)	မတော်တဆ	ma. do da. za.
in het begin (bw)	အစမှာ	asa. hma
voor de eerste keer (bw)	ပထမဆုံး	pahtama. zoun:
lang voor … (bw)	မတိုင်ခင် အတော်လေး အလိုက	ma. dain gin ato lei: alou ga.
opnieuw (bw)	အသစ်တဖန်	athi' da. ban
voor eeuwig (bw)	အမြဲတမ်း	amje: dan:
nooit (bw)	ဘယ်တော့မှ	be do hma.
weer (bw)	တဖန်	tahpan
nu (bw)	အခုတော့	akhu dau.
vaak (bw)	ခဏခဏ	khana. khana.
toen (bw)	ထိုသို့ဖြစ်လျှင်	htou dhou. bji' shin
urgent (bw)	အမြန်	aman
meestal (bw)	ပုံမှန်	poun hman
trouwens, … (tussen haakjes)	စကားမစပ်	zaga: ma. za'
mogelijk (bw)	ဖြင်နိုင်သည်	hpjin nain de
waarschijnlijk (bw)	ဖြစ်နိုင်သည်	hpji' nein de
misschien (bw)	ဖြစ်နိုင်သည်	hpji' nein de
trouwens (bw)	ဒါ့အပြင်	da. apjin
daarom …	ဒါကြောင့်	da gjaun.
in weerwil van …	သော်လည်း	tho lei:
dankzij …	ကြောင့်	kjaun.
wat (vn)	ဘာ	ba
dat (vw)	ဟု	hu
iets (vn)	တစ်ခုခု	ti' khu. gu.
iets	တစ်ခုခု	ti' khu. gu.
niets (vn)	ဘာမှ	ba hma.
wie (~ is daar?)	ဘယ်သူ	be dhu.
iemand (een onbekende)	တစ်ယောက်ယောက်	ti' jau' jau'
iemand (een bepaald persoon)	တစ်ယောက်ယောက်	ti' jau' jau'
niemand (vn)	ဘယ်သူမှ	be dhu hma.
nergens (bw)	ဘယ်ကိုမှ	be gou hma.
niemands (bn)	ဘယ်သူမှမပိုင်သော	be dhu hma ma. bain de.
iemands (bn)	တစ်ယောက်ယောက်ရဲ့	ti' jau' jau' je.
zo (Ik ben ~ blij)	ဒီလို	di lou
ook (evenals)	ထို့ပြင်လည်း	htou. bjin le:
alsook (eveneens)	လည်းဘဲ	le: be:

6. Functiewoorden. Bijwoorden. Deel 2

Waarom?	ဘာကြောင့်လဲ	ba gjaun. le:
om een bepaalde reden	တစ်ခုခုကြောင့်	ti' khu. gu. gjaun.
omdat ...	အဘယ်ကြောင့်ဆိုသော်	abe gjo:n. zou dho
voor een bepaald doel	တစ်ခုခုအတွက်	ti' khu. gu. atwe'
en (vw)	နှင့်	hnin.
of (vw)	သို့မဟုတ်	thou. ma. hou'
maar (vw)	ဒါပေမဲ့	da bei me.
voor (vz)	အတွက်	atwe'
te (~ veel mensen)	အလွန်	alun
alleen (bw)	သာ	tha
precies (bw)	အတိအကျ	ati. akja.
ongeveer (~ 10 kg)	ခန့်	khan.
omstreeks (bw)	ခန့်မှန်းခြေအားဖြင့်	khan hman: gjei a: bjin.
bij benadering (bn)	ခန့်မှန်းခြေဖြစ်သော	khan hman: gjei bji' te.
bijna (bw)	နီးပါး	ni: ba:
rest (de)	ကျန်သော	kjan de.
de andere (tweede)	တခြားသော	tacha: de.
ander (bn)	အခြားသော	apja: de.
elk (bn)	တိုင်း	tain:
om het even welk	မဆို	ma. zou
veel (telb.)	အမြောက်အများ	amjau' amja:
veel (ontelb.)	အများကြီး	amja: gji:
veel mensen	များစွာသော	mja: zwa de.
iedereen (alle personen)	အားလုံး	a: loun:
in ruil voor ...	အစား	asa:
in ruil (bw)	အစား	asa:
met de hand (bw)	လက်ဖြင့်	le' hpjin.
onwaarschijnlijk (bw)	ဖြစ်နိုင်ခြေ နည်းသည်	hpji' nain gjei ni: de
waarschijnlijk (bw)	ဖြစ်နိုင်သည်	hpji' nein de
met opzet (bw)	တမင်	tamin
toevallig (bw)	အမှတ်တမဲ့	ahma' ta. me.
zeer (bw)	သိပ်	thei'
bijvoorbeeld (bw)	ဥပမာအားဖြင့်	upama a: bjin.
tussen (~ twee steden)	ကြား	kja:
tussen (te midden van)	ကြားထဲတွင်	ka: de: dwin:
zoveel (bw)	ဒီလောက်	di lau'
vooral (bw)	အထူးသဖြင့်	a htu: dha. hjin.

GETALLEN. DIVERSEN

7. Kardinale getallen. Deel 1

nul	သုည	thoun nja.
een	တစ်	ti'
twee	နှစ်	hni'
drie	သုံး	thoun:
vier	လေး	lei:

vijf	ငါး	nga:
zes	ခြောက်	chau'
zeven	ခုနစ်	khun hni'
acht	ရှစ်	shi'
negen	ကိုး	kou:

tien	တစ်ဆယ်	ti' hse
elf	တစ်ဆယ့်တစ်	ti' hse. ti'
twaalf	တစ်ဆယ့်နှစ်	ti' hse. hni'
dertien	တစ်ဆယ့်သုံး	ti' hse. thoun:
veertien	တစ်ဆယ့်လေး	ti' hse. lei:

vijftien	တစ်ဆယ့်ငါး	ti' hse. nga:
zestien	တစ်ဆယ့်ခြောက်	ti' hse. khau'
zeventien	တစ်ဆယ့်ခုနစ်	ti' hse. khu ni'
achttien	တစ်ဆယ့်ရှစ်	ti' hse. shi'
negentien	တစ်ဆယ့်ကိုး	ti' hse. gou:

twintig	နှစ်ဆယ်	hni' hse
eenentwintig	နှစ်ဆယ့်တစ်	hni' hse. ti'
tweeëntwintig	နှစ်ဆယ့်နှစ်	hni' hse. hni'
drieëntwintig	နှစ်ဆယ့်သုံး	hni' hse. thuan:

dertig	သုံးဆယ်	thoun: ze
eenendertig	သုံးဆယ့်တစ်	thoun: ze. di'
tweeëndertig	သုံးဆယ့်နှစ်	thoun: ze. hni'
drieëndertig	သုံးဆယ့်သုံး	thoun: ze. dhoun:

veertig	လေးဆယ်	lei: hse
eenenveertig	လေးဆယ့်တစ်	lei: hse. ti'
tweeënveertig	လေးဆယ့်နှစ်	lei: hse. hni'
drieënveertig	လေးဆယ့်သုံး	lei: hse. thaun:

vijftig	ငါးဆယ်	nga: ze
eenenvijftig	ငါးဆယ့်တစ်	nga: ze di'
tweeënvijftig	ငါးဆယ့်နှစ်	nga: ze hni'
drieënvijftig	ငါးဆယ့်သုံး	nga: ze dhoun:

| zestig | ခြောက်ဆယ် | chau' hse |
| eenenzestig | ခြောက်ဆယ့်တစ် | chau' hse. di' |

| tweeënzestig | ခြောက်ဆယ့်နှစ် | chau' hse. hni' |
| drieënzestig | ခြောက်ဆယ့်သုံး | chau' hse. dhoun: |

zeventig	ခုနစ်ဆယ်	khun hni' hse.
eenenzeventig	ခုနစ်ဆယ့်တစ်	qunxcy•tx
tweeënzeventig	ခုနစ်ဆယ့်နှစ်	khun hni' hse. hni
drieënzeventig	ခုနစ်ဆယ့်သုံး	khu. ni' hse. dhoun:

tachtig	ရှစ်ဆယ်	shi' hse
eenentachtig	ရှစ်ဆယ့်တစ်	shi' hse. ti'
tweeëntachtig	ရှစ်ဆယ့်နှစ်	shi' hse. hni'
drieëntachtig	ရှစ်ဆယ့်သုံး	shi' hse. dhun:

negentig	ကိုးဆယ်	kou: hse
eenennegentig	ကိုးဆယ့်တစ်	kou: hse. ti'
tweeënnegentig	ကိုးဆယ့်နှစ်	kou: hse. hni'
drieënnegentig	ကိုးဆယ့်သုံး	kou: hse. dhaun:

8. Kardinale getallen. Deel 2

honderd	တစ်ရာ	ti' ja
tweehonderd	နှစ်ရာ	hni' ja
driehonderd	သုံးရာ	thoun; ja
vierhonderd	လေးရာ	lei: ja
vijfhonderd	ငါးရာ	nga: ja

zeshonderd	ခြောက်ရာ	chau' ja
zevenhonderd	ခုနစ်ရာ	khun hni' ja
achthonderd	ရှစ်ရာ	shi' ja
negenhonderd	ကိုးရာ	kou: ja

duizend	တစ်ထောင်	ti' htaun
tweeduizend	နှစ်ထောင်	hni' taun
drieduizend	သုံးထောင်	thoun: daun
tienduizend	တစ်သောင်း	ti' thaun:
honderdduizend	တစ်သိန်း	ti' thein:
miljoen (het)	တစ်သန်း	ti' than:
miljard (het)	ဘီလီယံ	bi li jan

9. Ordinale getallen

eerste (bn)	ပထမ	pahtama.
tweede (bn)	ဒုတိယ	du. di. ja.
derde (bn)	တတိယ	tati, ja,
vierde (bn)	စတုတ္ထ	zadou' hta.
vijfde (bn)	ပဉ္စမ	pjin sama.

zesde (bn)	ဆဋ္ဌမ	hsa. htama.
zevende (bn)	သတ္တမ	tha' tama.
achtste (bn)	အဋ္ဌမ	a' htama.
negende (bn)	နဝမ	na. wa. ma.
tiende (bn)	ဒသမ	da dha ma

KLEUREN. MEETEENHEDEN

10. Kleuren

kleur (de)	အရောင်	ajaun
tint (de)	အသွေးအဆင်း	athwei: ahsin:
kleurnuance (de)	အရောင်အသွေး	ajaun athwei:
regenboog (de)	သက်တံ	the' tan
wit (bn)	အဖြူရောင်	ahpju jaun
zwart (bn)	အနက်ရောင်	ane' jaun
grijs (bn)	မဲရောင်	khe: jaun
groen (bn)	အစိမ်းရောင်	asain: jaun
geel (bn)	အဝါရောင်	awa jaun
rood (bn)	အနီရောင်	ani jaun
blauw (bn)	အပြာရောင်	apja jaun
lichtblauw (bn)	အပြာနုရောင်	apja nu. jaun
roze (bn)	ပန်းရောင်	pan: jaun
oranje (bn)	လိမ္မော်ရောင်	limmo jaun
violet (bn)	ခရမ်းရောင်	khajan: jaun
bruin (bn)	အညိုရောင်	anjou jaun
goud (bn)	ရွှေရောင်	shwei jaun
zilverkleurig (bn)	ငွေရောင်	ngwei jaun
beige (bn)	ဝါညိုနုရောင်	wa njou nu. jaun
roomkleurig (bn)	နို့နစ်ရောင်	nou. hni' jaun
turkoois (bn)	စိမ်းပြာရောင်	sein: bja jaun
kersrood (bn)	ချယ်ရီရောင်	che ji jaun
lila (bn)	ခရမ်းဖျော့ရောင်	khajan: bjo. jaun
karmijnrood (bn)	ကြက်သွေးရောင်	kje' thwei: jaun
licht (bn)	အရောင်ဖျော့သော	ajaun bjo. de.
donker (bn)	အရောင်ရင့်သော	ajaun jin. de.
fel (bn)	တောက်ပသော	tau' pa. de.
kleur-, kleurig (bn)	အရောင်ရှိသော	ajaun shi. de.
kleuren- (abn)	ရောင်စုံ	jau' soun
zwart-wit (bn)	အဖြူအမည်း	ahpju ame:
eenkleurig (bn)	တစ်ရောင်တည်းရှိသော	ti' jaun te: shi. de.
veelkleurig (bn)	အရောင်စုံသော	ajaun zoun de.

11. Meeteenheden

gewicht (het)	အလေးချိန်	alei: gjein
lengte (de)	အရှည်	ashei

breedte (de)	အကျယ်	akje
hoogte (de)	အမြင့်	amjin.
diepte (de)	အနက်	ane'
volume (het)	ထုထည်	du. de
oppervlakte (de)	အကျယ်အဝန်း	akje awun:

gram (het)	ဂရမ်	ga ran
milligram (het)	မီလီဂရမ်	mi li ga. jan
kilogram (het)	ကီလိုဂရမ်	ki lou ga jan
ton (duizend kilo)	တန်	tan
pond (het)	ပေါင်	paun
ons (het)	အောင်စ	aun sa.

meter (de)	မီတာ	mi ta
millimeter (de)	မီလီမီတာ	mi li mi ta
centimeter (de)	စင်တီမီတာ	sin ti mi ta
kilometer (de)	ကီလိုမီတာ	ki lou mi ta
mijl (de)	မိုင်	main

duim (de)	လက်မ	le' ma
voet (de)	ပေ	pei
yard (de)	ကိုက်	kou'

vierkante meter (de)	စတုရန်းမီတာ	satu. jan: mi ta
hectare (de)	ဟက်တာ	he' ta

liter (de)	လီတာ	li ta
graad (de)	ဒီဂရီ	di ga ji
volt (de)	ဗို့	boi.
ampère (de)	အမ်ပီယာ	an bi ja
paardenkracht (de)	မြင်းကောင်ရေအား	mjin: gaun jei a:

hoeveelheid (de)	အရေအတွက်	ajei adwe'
een beetje …	နည်းနည်း	ne: ne:
helft (de)	တစ်ဝက်	ti' we'
dozijn (het)	ဒါဇင်	da zin
stuk (het)	ခု	khu.

afmeting (de)	အတိုင်းအတာ	atain: ata
schaal (bijv. ~ van 1 op 50)	စကေး	sakei:

minimaal (bn)	အနည်းဆုံး	ane: zoun
minste (bn)	အသေးဆုံး	athei: zoun:
medium (bn)	အလယ်အလတ်	ale ala'
maximaal (bn)	အများဆုံး	amja: zoun:
grootste (bn)	အကြီးဆုံး	akji: zoun:

12. Containers

glazen pot (de)	ဖန်ဘူး	hpan bu:
blik (conserven~)	သံဘူး	than bu:
emmer (de)	ရေပုံး	jei boun:
ton (bijv. regenton)	စည်ပိုင်း	si bain:
ronde waterbak (de)	ဇလို	za loun

tank (bijv. watertank-70-ltr)	သံစည်	than zi
heupfles (de)	အရက်ပုလင်းပြား	aje' pu lin: pja:
jerrycan (de)	ဓာတ်ဆီပုံး	da' hsi boun:
tank (bijv. ketelwagen)	တိုင်ကီ	tain ki
beker (de)	မတ်ခွက်	ma' khwe'
kopje (het)	ခွက်	khwe'
schoteltje (het)	အောက်ခံပန်းကန်ပြား	au' khan ban: kan pja:
glas (het)	ဖန်ခွက်	hpan gwe'
wijnglas (het)	ဝိုင်ခွက်	wain gwe'
pan (de)	ပေါင်းအိုး	paun: ou:
fles (de)	ပုလင်း	palin:
flessenhals (de)	ပုလင်းလည်ပင်း	palin: le bin:
karaf (de)	ဖန်ချိုင့်	hpan gjain.
kruik (de)	ကရား	kaja:
vat (het)	အိုးခွက်	ou: khwe'
pot (de)	မြေအိုး	mjei ou:
vaas (de)	ပန်းအိုး	pan: ou:
flacon (de)	ပုလင်း	palin:
flesje (het)	ပုလင်းကလေး	palin: galei:
tube (bijv. ~ tandpasta)	ဘူး	bu:
zak (bijv. ~ aardappelen)	ဂုံနိအိတ်	goun ni ei'
tasje (het)	အိတ်	ei'
pakje (~ sigaretten, enz.)	ဘူး	bu:
doos (de)	စက္ကူဘူး	se' ku bu:
kist (de)	သေတ္တာ	thi' ta
mand (de)	တောင်း	taun:

BELANGRIJKSTE WERKWOORDEN

13. De belangrijkste werkwoorden. Deel 1

aanbevelen (ww)	အကြံပြုထောက်ခံသည်	akjan pju htau' khan de
aandringen (ww)	တိုက်တွန်းပြောဆိုသည်	tou' tun: bjo: zou de
aankomen (per auto, enz.)	ရောက်သည်	jau' te
aanraken (ww)	ကိုင်သည်	kain de
adviseren (ww)	အကြံပေးသည်	akjan bei: de
afdalen (on.ww.)	ဆင်းသည်	hsin: de
afslaan (naar rechts ~)	ကွေ့သည်	kwei. de
antwoorden (ww)	ဖြေသည်	hpjei de
bang zijn (ww)	ကြောက်သည်	kjau' te
bedreigen	ခြိမ်းခြောက်သည်	chein: gjau' te
(bijv. met een pistool)		
bedriegen (ww)	လိမ်ပြောသည်	lain bjo: de
beëindigen (ww)	ပြီးသည်	pji: de
beginnen (ww)	စတင်သည်	sa. tin de
begrijpen (ww)	နားလည်သည်	na: le de
beheren (managen)	ညှိနှိုင်းကြားသည်	hnjun gja: de
beledigen	စော်ကားသည်	so ga: de
(met scheldwoorden)		
beloven (ww)	ကတိပေးသည်	gadi pei: de
bereiden (koken)	ချက်ပြုတ်သည်	che' pjou' te
bespreken (spreken over)	ဆွေးနွေးသည်	hswe: nwe: de
bestellen (eten ~)	မှာသည်	hma de
bestraffen (een stout kind ~)	အပြစ်ပေးသည်	apja' pei: de
betalen (ww)	ပေးရသည်	pei: gjei de
betekenen (beduiden)	ဆိုလိုသည်	hsou lou de
betreuren (ww)	နောင်တရသည်	naun da. ja. de
bevallen (prettig vinden)	ကြိုက်သည်	kjai' de
bevelen (mil.)	အမိန့်ပေးသည်	amin. bei: de
bevrijden (stad, enz.)	လွတ်မြောက်စေသည်	lu' mjau' sei de
bewaren (ww)	ထိန်းထားသည်	htein: da: de
bezitten (ww)	ပိုင်ဆိုင်သည်	pain zain de
bidden (praten met God)	ရှိခိုးသည်	shi. gou: de
binnengaan (een kamer ~)	ဝင်သည်	win de
breken (ww)	ချက်ဆိုးသည်	hpje' hsi: de
controleren (ww)	ထိန်းချုပ်သည်	htein: gjou' te
creëren (ww)	ဖန်တီးသည်	hpan di: de
deelnemen (ww)	ပါဝင်သည်	pa win de
denken (ww)	ထင်သည်	htin de
doden (ww)	သတ်သည်	tha' te

doen (ww)	ပြုလုပ်သည်	pju. lou' te
dorst hebben (ww)	ရေဆာသည်	jei za de

14. De belangrijkste werkwoorden. Deel 2

een hint geven	အရိပ်အမြွက်ပေးသည်	aji' ajmwe' pei: de
eisen (met klem vragen)	တိုက်တွန်းသည်	tai' tun: de
excuseren (vergeven)	ခွင့်လွှတ်သည်	khwin. hlu' te
existeren (bestaan)	တည်ရှိသည်	ti shi. de
gaan (te voet)	သွားသည်	thwa: de

gaan zitten (ww)	ထိုင်သည်	htain de
gaan zwemmen	ရေကူးသည်	jei ku: de
geven (ww)	ပေးသည်	pei: de
glimlachen (ww)	ပြုံးသည်	pjoun: de
goed raden (ww)	မှန်းဆသည်	hman za de

grappen maken (ww)	စနောက်သည်	sanau' te
graven (ww)	တူးသည်	tu: de
hebben (ww)	ရှိသည်	shi. de
helpen (ww)	ကူညီသည်	ku nji de
herhalen (opnieuw zeggen)	ထပ်လုပ်သည်	hta' lou' te
honger hebben (ww)	ဗိုက်ဆာသည်	bai' hsa de

hopen (ww)	မျှော်လင့်သည်	hmjo. lin. de
horen (waarnemen met het oor)	ကြားသည်	ka: de
huilen (wenen)	ငိုသည်	ngou de
huren (huis, kamer)	ငှားသည်	hnga: de
informeren (informatie geven)	အကြောင်းကြားသည်	akjaun: kja: de
instemmen (akkoord gaan)	သဘောတူသည်	dhabo: tu de
jagen (ww)	အမဲလိုက်သည်	ame: lai' de
kennen (kennis hebben van iemand)	သိသည်	thi. de
kiezen (ww)	ရွေးသည်	jwei: de
klagen (ww)	တိုင်ကြားပြောသည်	tain bjo: de

kosten (ww)	ကုန်ကျသည်	koun kja de
kunnen (ww)	တတ်နိုင်သည်	ta' nain de
lachen (ww)	ရယ်သည်	je de
laten vallen (ww)	ဖြုတ်ချသည်	hpjou' cha. de
lezen (ww)	ဖတ်သည်	hpa' te

liefhebben (ww)	ချစ်သည်	chi' te
lunchen (ww)	နေ့လယ်စာစားသည်	nei. le za za de
nemen (ww)	ယူသည်	ju de
nodig zijn (ww)	အလိုရှိသည်	alou' shi. de

15. De belangrijkste werkwoorden. Deel 3

onderschatten (ww)	လျှော့တွက်သည်	sho. dwe' de
ondertekenen (ww)	လက်မှတ်ထိုးသည်	le' hma' htou: de

ontbijten (ww)	နနက်စာစားသည်	nan ne' za za: de
openen (ww)	ဖွင့်သည်	hpwin. de
ophouden (ww)	ရပ်သည်	ja' te
opmerken (zien)	သတိထားမိသည်	dhadi. da: mi. de

opscheppen (ww)	ကြွားသည်	kjwa: de
opschrijven (ww)	ရေးထားသည်	jei: da: de
plannen (ww)	စီစဉ်သည်	si zin de
prefereren (verkiezen)	ပိုကြိုက်သည်	pou gjai' te
proberen (trachten)	စမ်းကြည့်သည်	san: kji. de
redden (ww)	ကယ်ဆယ်သည်	ke ze de

rekenen op ...	အားကိုးသည်	a: kou: de
rennen (ww)	ပြေးသည်	pjei: de
reserveren (een hotelkamer ~)	မှာသည်	hma de
roepen (om hulp)	ခေါ်သည်	kho de
schieten (ww)	ပစ်သည်	pi' te
schreeuwen (ww)	အော်သည်	o de

schrijven (ww)	ရေးသည်	jei: de
souperen (ww)	ညစာစားသည်	nja. za za: de
spelen (kinderen)	ကစားသည်	gaza: de
spreken (ww)	ပြောသည်	pjo: de
stelen (ww)	ခိုးသည်	khou: de
stoppen (pauzeren)	ရပ်သည်	ja' te

studeren (Nederlands ~)	သင်ယူလေ့လာသည်	thin ju lei. la de
sturen (zenden)	ပို့သည်	pou. de
tellen (optellen)	ရေတွက်သည်	jei dwe' te
toebehoren aan ...	ပိုင်ဆိုင်သည်	pain zain de
toestaan (ww)	ခွင့်ပြုသည်	khwin bju. de
tonen (ww)	ပြသည်	pja. de

twijfelen (onzeker zijn)	သံသယဖြစ်သည်	than thaja. bji' te
uitgaan (ww)	ထွက်သည်	htwe' te
uitnodigen (ww)	ဖိတ်သည်	hpi' de
uitspreken (ww)	အသံထွက်သည်	athan dwe' te
uitvaren tegen (ww)	ရှုသည်	hsu. de

16. De belangrijkste werkwoorden. Deel 4

vallen (ww)	ကျဆင်းသည်	kja zin: de
vangen (ww)	ဖမ်းသည်	hpan: de
veranderen (anders maken)	ပြောင်းလဲသည်	pjaun: le: de
verbaasd zijn (ww)	အံ့ဩသည်	an. o. de
verbergen (ww)	ဖုံးကွယ်သည်	hpoun: gwe de

verdedigen (je land ~)	ကာကွယ်သည်	ka gwe de
verenigen (ww)	ပေါင်းစည်းသည်	paun: ze: de
vergelijken (ww)	နှိုင်းယှဉ်သည်	hnain: shin de
vergeten (ww)	မေ့သည်	mei. de
vergeven (ww)	ခွင့်လွှတ်သည်	khwin. hlu' te
verklaren (uitleggen)	ရှင်းပြသည်	shin: bja. de

verkopen (per stuk ~)	ရောင်းသည်	jaun: de
vermelden (praten over)	ဖော်ပြသည်	hpjo bja. de
versieren (decoreren)	အလှဆင်သည်	ahla. zin dhe
vertalen (ww)	ဘာသာပြန်သည်	ba dha bjan de

vertrouwen (ww)	ယုံကြည်သည်	joun kji de
vervolgen (ww)	ဆက်လုပ်သည်	hse' lou' te
verwarren (met elkaar ~)	ရောထွေးသည်	jo: dwei: de
verzoeken (ww)	တောင်းဆိုသည်	taun: hsou: de
verzuimen (school, enz.)	ပျက်ကွက်သည်	pje' kwe' te

vinden (ww)	ရတွေ့သည်	sha dwei. de
vliegen (ww)	ပျံသန်းသည်	pjan dan: de
volgen (ww)	လိုက်သည်	lai' te
voorstellen (ww)	အဆိုပြုသည်	ahsou bju. de
voorzien (verwachten)	ကြိုမြင်သည်	kjou mjin de
vragen (ww)	မေးသည်	mei: de

waarnemen (ww)	စောင့်ကြည့်သည်	saun. gji. de
waarschuwen (ww)	သတိပေးသည်	dhadi. pei: de
wachten (ww)	စောင့်သည်	saun. de
weerspreken (ww)	ငြင်းသည်	njin: de
weigeren (ww)	ငြင်းဆန်သည်	njin: zan de

werken (ww)	အလုပ်လုပ်သည်	alou' lou' te
weten (ww)	သိသည်	thi. de
willen (verlangen)	လိုချင်သည်	lou gjin de
zeggen (ww)	ပြောသည်	pjo: de
zich haasten (ww)	လောသည်	lo de

zich interesseren voor ...	စိတ်ဝင်စားသည်	sei' win za: de
zich vergissen (ww)	မှားသည်	hma: de
zich verontschuldigen	တောင်းပန်သည်	thaun: ban de
zien (ww)	မြင်သည်	mjin de
zijn (leraar ~)	ဖြစ်သည်	hpji' te

zijn (op dieet ~)	ဖြစ်နေသည်	hpji' nei de
zoeken (ww)	ရှာသည်	sha de
zwemmen (ww)	ရေကူးသည်	jei ku: de
zwijgen (ww)	နှုတ်ဆိတ်သည်	hnou' hsei' te

TIJD. KALENDER

17. Dagen van de week

maandag (de)	တနင်္လာ	tanin: la
dinsdag (de)	အင်္ဂါ	in ga
woensdag (de)	ဗုဒ္ဓဟူး	bou' da. hu:
donderdag (de)	ကြာသပတေး	kja dha ba. dei:
vrijdag (de)	သောကြာ	thau' kja
zaterdag (de)	စနေ	sanei
zondag (de)	တနင်္ဂနွေ	tanin: ganwei
vandaag (bw)	ယနေ့	ja. nei.
morgen (bw)	မနက်ဖြန်	mane' bjan
overmorgen (bw)	သဘက်ခါ	dhabe' kha
gisteren (bw)	မနေ့က	ma. nei. ka.
eergisteren (bw)	တနေ့က	ta. nei. ga.
dag (de)	နေ့	nei.
werkdag (de)	ရုံးဖွင့်ရက်	joun: hpwin je'
feestdag (de)	ပွဲတော်ရက်	pwe: do je'
verlofdag (de)	ရုံးပိတ်ရက်	joun: bei' je'
weekend (het)	ရုံးပိတ်ရက်များ	joun: hpwin je' mja:
de hele dag (bw)	တနေ့လုံး	ta. nei. loun:
de volgende dag (bw)	နောက်နေ့	nau' nei.
twee dagen geleden	လွန်ခဲ့သော နှစ်ရက်က	lun ge: de. hni' ja' ka.
aan de vooravond (bw)	အကြိုနေ့မှာ	akjou nei. hma
dag-, dagelijks (bn)	နေ့စဉ်	nei. zin
elke dag (bw)	နေ့တိုင်း	nei dain:
week (de)	ရက်သတ္တပတ်	je' tha' daba'
vorige week (bw)	ပြီးခဲ့တဲ့အပတ်က	pji: ge. de. apa' ka.
volgende week (bw)	လာမယ့်အပတ်မှာ	la. me. apa' hma
wekelijks (bn)	အပတ်စဉ်	apa' sin
elke week (bw)	အပတ်စဉ်	apa' sin
twee keer per week	တစ်ပတ် နှစ်ကြိမ်	ti' pa' hni' kjein
elke dinsdag	အင်္ဂါနေ့တိုင်း	in ga nei. dain:

18. Uren. Dag en nacht

morgen (de)	နံနက်ခင်း	nan ne' gin:
's morgens (bw)	နံနက်ခင်းမှာ	nan ne' gin: hma
middag (de)	မွန်းတည့်	mun: de.
's middags (bw)	နေ့လယ်စာစားပြီးနောက်	nei. le za za: gjein bji: nau'
avond (de)	ညနေခင်း	nja. nei gin:
's avonds (bw)	ညနေခင်းမှာ	nja. nei gin: hma

nacht (de)	ည	nja
's nachts (bw)	ညမှာ	nja hma
middernacht (de)	သန်းခေါင်ယံ	than: gaun jan

seconde (de)	စက္ကန့်	se' kan.
minuut (de)	မိနစ်	mi. ni'
uur (het)	နာရီ	na ji
halfuur (het)	နာရီဝက်	na ji we'
kwartier (het)	လေးပုံးမိနစ်	hse. nga: mi. ni'
vijftien minuten	၁၅ မိနစ်	ta' hse. nga: mi ni'
etmaal (het)	နစ်ဆယ်လေးနာရီ	hni' hse lei: na ji

zonsopgang (de)	နေထွက်ချိန်	nei dwe' gjein
dageraad (de)	အာရုဏ်ဦး	a joun u:
vroege morgen (de)	နံနက်စောစော	nan ne' so: zo:
zonsondergang (de)	နေဝင်ချိန်	nei win gjein

's morgens vroeg (bw)	နံနက်အစောပိုင်း	nan ne' aso: bain:
vanmorgen (bw)	ယနေ့နံနက်	ja. nei. nan ne'
morgenochtend (bw)	မနက်ဖြန်နံနက်	mane' bjan nan ne'

vanmiddag (bw)	ယနေ့နေ့လယ်	ja. nei. nei. le
's middags (bw)	နေ့လယ်စာစားရှိပြီးနောက်	nei. le za za: gjein bji: nau'
morgenmiddag (bw)	မနက်ဖြန်မွန်းလွဲပိုင်း	mane' bjan mun: lwe: bain:

| vanavond (bw) | ယနေ့ညနေ | ja. nei. nja. nei |
| morgenavond (bw) | မနက်ဖြန်ညနေ | mane' bjan nja. nei |

klokslag drie uur	၃ နာရီတွင်	thoun: na ji dwin
ongeveer vier uur	၄ နာရီခန့်တွင်	lei: na ji khan dwin
tegen twaalf uur	၁၂ နာရီအရောက်	hse. hni' na ji ajau'

over twintig minuten	နောက် မိနစ် ၂၀ မှာ	nau' mi. ni' hni' se hma
over een uur	နောက်တစ်နာရီမှာ	nau' ti' na ji hma
op tijd (bw)	အရှိန်ကိုက်	achein kai'

kwart voor …	မတ်တင်း	ma' tin:
binnen een uur	တစ်နာရီအတွင်း	ti' na ji atwin:
elk kwartier	၁၅ မိနစ်တိုင်း	ta' hse. nga: mi ni' htain:
de klok rond	၂၄ နာရီလုံး	hna' hse. lei: na ji

19. Maanden. Seizoenen

januari (de)	ဇန်နဝါရီလ	zan na. wa ji la.
februari (de)	ဖေဖော်ဝါရီလ	hpei bo wa ji la
maart (de)	မတ်လ	ma' la.
april (de)	ဧပြီလ	ei bji la.
mei (de)	မေလ	mei la.
juni (de)	ဇွန်လ	zun la.

juli (de)	ဇူလိုင်လ	zu lain la.
augustus (de)	ဩဂုတ်လ	o: gou' la.
september (de)	စက်တင်ဘာလ	sa' htin ba la.
oktober (de)	အောက်တိုဘာလ	au' tou ba la

november (de)	နိုဝင်ဘာလ	nou win ba la.
december (de)	ဒီဇင်ဘာလ	di zin ba la.

lente (de)	နွေဦးရာသီ	nwei: u: ja dhi
in de lente (bw)	နွေဦးရာသီမှာ	nwei: u: ja dhi hma
lente- (abn)	နွေဦးရာသီနှင့်ဆိုင်သော	nwei: u: ja dhi hnin. zain de.

zomer (de)	နွေရာသီ	nwei: ja dhi
in de zomer (bw)	နွေရာသီမှာ	nwei: ja dhi hma
zomer-, zomers (bn)	နွေရာသီနှင့်ဆိုင်သော	nwei: ja dhi hnin. zain de.

herfst (de)	ဆောင်းဦးရာသီ	hsaun: u: ja dhi
in de herfst (bw)	ဆောင်းဦးရာသီမှာ	hsaun: u: ja dhi hma
herfst- (abn)	ဆောင်းဦးရာသီနှင့်ဆိုင်သော	hsaun: u: ja dhi hnin. zain de.

winter (de)	ဆောင်းရာသီ	hsaun: ja dhi
in de winter (bw)	ဆောင်းရာသီမှာ	hsaun: ja dhi hma
winter- (abn)	ဆောင်းရာသီနှင့်ဆိုင်သော	hsaun: ja dhi hnin. zain de.

maand (de)	လ	la.
deze maand (bw)	ဒီလ	di la.
volgende maand (bw)	နောက်လ	nau' la
vorige maand (bw)	ယခင်လ	jakhin la.

een maand geleden (bw)	ပြီးခဲ့တဲ့တစ်လကျော်	pji: ge. de. di' la. gjo
over een maand (bw)	နောက်တစ်လကျော်	nau' ti' la. gjo
over twee maanden (bw)	နောက်နှစ်လကျော်	nau' hni' la. gjo
de hele maand (bw)	တစ်လလုံး	ti' la. loun:
een volle maand (bw)	တစ်လလုံး	ti' la. loun:

maand-, maandelijks (bn)	လစဉ်	la. zin
maandelijks (bw)	လစဉ်	la. zin
elke maand (bw)	လတိုင်း	la. dain:
twee keer per maand	တစ်လနှစ်ကြိမ်	ti' la. hni' kjein:

jaar (het)	နှစ်	hni'
dit jaar (bw)	ဒီနှစ်မှာ	di hna' hma
volgend jaar (bw)	နောက်နှစ်မှာ	nau' hni' hnma
vorig jaar (bw)	ယခင်နှစ်မှာ	jakhin hni' hma

een jaar geleden (bw)	ပြီးခဲ့တဲ့တစ်နှစ်ကျော်က	pji: ge. de. di' hni' kjo ga.
over een jaar	နောက်တစ်နှစ်ကျော်	nau' ti' hni' gjo
over twee jaar	နောက်နှစ်နှစ်ကျော်	nau' hni' hni' gjo
het hele jaar	တစ်နှစ်လုံး	ti' hni' loun:
een vol jaar	တစ်နှစ်လုံး	ti' hni' loun:

elk jaar	နှစ်တိုင်း	hni' tain:
jaar-, jaarlijks (bn)	နှစ်စဉ်ဖြစ်သော	hni' san bji' te.
jaarlijks (bw)	နှစ်စဉ်	hni' san
4 keer per jaar	တစ်နှစ်လေးကြိမ်	ti' hni' lei: gjein

datum (de)	နေ့စွဲ	nei. zwe:
datum (de)	ရက်စွဲ	je' swe:
kalender (de)	ပြက္ခဒိန်	pje' gadein
een half jaar	နှစ်ဝက်	hni' we'
zes maanden	နှစ်ဝက်	hni' we'

| seizoen (bijv. lente, zomer) | ရာသီ | ja dhi |
| eeuw (de) | ရာစု | jazu. |

REIZEN. HOTEL

20. Trip. Reizen

toerisme (het)	ခရီးသွားလုပ်ငန်း	khaji: thwa: lou' ngan:
toerist (de)	ကမ္ဘာလှည့်ခရီးသည်	ga ba hli. kha. ji: de
reis (de)	ခရီးထွက်ခြင်း	khaji: htwe' chin:
avontuur (het)	စွန့်စားမှု	sun. za: hmu.
tocht (de)	ခရီး	khaji:

vakantie (de)	ရွှင်ရွှက်	khwin. je'
met vakantie zijn	အရွှင့်ယူသည်	akhwin. ju de
rust (de)	အနားယူခြင်း	ana: ju gjin:

trein (de)	ရထား	jatha:
met de trein	ရထားနဲ့	jatha: ne.
vliegtuig (het)	လေယာဉ်	lei jan
met het vliegtuig	လေယာဉ်နဲ့	lei jan ne.
met de auto	ကားနဲ့	ka: ne.
per schip (bw)	သင်္ဘောနဲ့	thin: bo: ne.

bagage (de)	၀န်စည်စလည်	wun zi za. li
valies (de)	သားရေသေတ္တာ	tha: jei dhi' ta
bagagekarretje (het)	ပစ္စည်းတင်ရန်တွန်းလှည်း	pji' si: din jan dun: hle:

paspoort (het)	နိုင်ငံကူးလက်မှတ်	nain ngan gu: le' hma'
visum (het)	ဗီဇာ	bi za
kaartje (het)	လက်မှတ်	le' hma'
vliegticket (het)	လေယာဉ်လက်မှတ်	lei jan le' hma'

reisgids (de)	လမ်းညွှန်စာအုပ်	lan: hnjun za ou'
kaart (de)	မြေပုံ	mjei boun
gebied (landelijk ~)	ဒေသ	dei dha.
plaats (de)	နေရာ	nei ja

exotische bestemming (de)	အထူးအဆန်းပန်းတိုင်	a htu: a hsan: bji' si:
exotisch (bn)	အထူးအဆန်းဖြစ်သော	a htu: a hsan: hpja' te.
verwonderlijk (bn)	အံ့သြစရာကောင်းသော	an. o: sa ja kaun de.

groep (de)	အုပ်စု	ou' zu.
rondleiding (de)	လှုလာရေးခရီး	lei. la jei: gaji:
gids (de)	လမ်းညွှန်	lan: hnjun

21. Hotel

hotel (het)	ဟိုတယ်	hou te
motel (het)	မိုတယ်	mou te
3-sterren	ကြယ် ၃ ပွင့်အဆင့်	kje thoun: pwin. ahsin.

5-sterren	ကြယ် ၅ ပွင့်အဆင့်	kje nga: pwin. ahsin.
overnachten (ww)	တည်းခိုသည်	te: khou de

kamer (de)	အခန်း	akhan:
eenpersoonskamer (de)	တစ်ယောက်ခန်း	ti' jau' khan:
tweepersoonskamer (de)	နှစ်ယောက်ခန်း	hni' jau' khan:
een kamer reserveren	ကြိုတင်မှာယူသည်	kjou tin hma ju de

halfpension (het)	ကြိုတင်တစ်ဝက်ငွေရှေ့ရှင်း	kjou tin di' we' ngwe gjei gjin:
volpension (het)	ငွေအပြည့်ကြို	ngwei apjei. kjou
	တင်ပေးရှေ့ရှင်း	din bei: chei chin:

met badkamer	ရေချိုးခန်းနှင့်	jei gjou gan: hnin.
met douche	ရေပန်းနှင့်	jei ban: hnin.
satelliet-tv (de)	ဂြိုဟ်တုရုပ်မြင်သံကြား	gjou' htu. jou' mjin dhan gja:
airconditioner (de)	လေအေးပေးစက်	lei ei: bei: ze'
handdoek (de)	တဘက်	tabe'
sleutel (de)	သော့	tho.

administrateur (de)	အုပ်ချုပ်ရေးမှူး	ou' chu' jei: hmu:
kamermeisje (het)	သန့်ရှင်းရေးဝန်ထမ်း	than. shin: jei: wun dan:
piccolo (de)	အထမ်းသမား	a htan: dha. ma:
portier (de)	တံခါးဝမှူးညွှန်ကြီ	daga: wa. hma. e. kjou

restaurant (het)	စားသောက်ဆိုင်	sa: thau' hsain
bar (de)	ဘား	ba:
ontbijt (het)	နံနက်စာ	nan ne' za
avondeten (het)	ညစာ	nja. za
buffet (het)	ဘူဖေး	bu hpei:

| hal (de) | နာရောင်ခန်း | hna jaun gan: |
| lift (de) | ဓာတ်လှေကား | da' hlei ga: |

| NIET STOREN | မနောင့်ယှက်ရ | ma. hnaun hje' ja. |
| VERBODEN TE ROKEN! | ဆေးလိပ်မသောက်ရ | hsei: lei' ma. dhau' ja. |

22. Bezienswaardigheden

monument (het)	ရုပ်တု	jou' tu.
vesting (de)	ခံတပ်ကြီး	khwan da' kji:
paleis (het)	နန်းတော်	nan do
kasteel (het)	ရဲတိုက်	je: dai'
toren (de)	မျှော်စင်	hmjo zin
mausoleum (het)	ဂူဗိမာန်	gu bi. man

architectuur (de)	ဗိသုကာပညာ	bi. thu. ka pjin nja
middeleeuws (bn)	အလယ်ခေတ်နှင့်ဆိုင်သော	ale khei' hnin. zain de.
oud (bn)	ရှေးကျသော	shei: gja. de
nationaal (bn)	အမျိုးသားနှင့်ဆိုင်သော	amjou: dha: hnin. zain de.
bekend (bn)	နာမည်ကြီးသော	na me gji: de.

toerist (de)	ကမ္ဘာလှည့်ခရီးသည်	ga ba hli. kha. ji: de
gids (de)	လမ်းညွှန်	lan: hnjun
rondleiding (de)	လေ့လာရေးခရီး	lei. la jei: gaji:

29

tonen (ww)	ပြသည်	pja. de
vertellen (ww)	ပြောပြသည်	pjo: bja. de
vinden (ww)	ရှာတွေ့သည်	sha dwei. de
verdwalen (de weg kwijt zijn)	ပျောက်သသည်	pjau' te
plattegrond (~ van de metro)	မြေပုံ	mjei boun
plattegrond (~ van de stad)	မြေပုံ	mjei boun
souvenir (het)	အမှတ်တရလက်ဆောင်ပစ္စည်း	ahma' ta ra le' hsaun pji' si:
souvenirwinkel (de)	လက်ဆောင်ပစ္စည်းဆိုင်	le' hsaun pji' si: zain
foto's maken	ဓာတ်ပုံရိုက်သည်	da' poun jai' te
zich laten fotograferen	ဓာတ်ပုံရိုက်သည်	da' poun jai' te

VERVOER

23. Vliegveld

luchthaven (de)	ေလဆိပ်	lei zi'
vliegtuig (het)	ေလယာဉ်	lei jan
luchtvaartmaatschappij (de)	ေလေကြာင်း	lei gjaun:
luchtverkeersleider (de)	ေလေကြာင်းထိန်း	lei kjaun: din:
vertrek (het)	ထွက်ခွာရာ	htwe' khwa ja
aankomst (de)	ဆိုက်ေရာက်ရာ	hseu' jau' ja
aankomen (per vliegtuig)	ဆိုက်ေရာက်သည်	hsai' jau' te
vertrektijd (de)	ထွက်ခွာချိန်	htwe' khwa gjein
aankomstuur (het)	ဆိုက်ေရာက်ချိန်	hseu' jau' chein
vertraagd zijn (ww)	ေနာက်ကျသည်	nau' kja. de
vluchtvertraging (de)	ေလယာဉ်ေနာက်ကျခြင်း	lei jan nau' kja. chin:
informatiebord (het)	ေလယာဉ်ခရီးစဉ်ပြဘုတ်	lei jan ga. ji: zi bja. bou'
informatie (de)	သတင်းအချက်အလက်	dhadin: akje' ale'
aankondigen (ww)	ေကြငြာသည်	kjei nja de
vlucht (bijv. KLM ~)	ပျံသန်းမှု	pjan dan: hmu.
douane (de)	အေကာက်ဆိပ်	akau' hsein
douanier (de)	အေကာက်ခွန်အရာရှိ	akau' khun aja shi.
douaneaangifte (de)	အေကာက်ခွန်ေကြငြာချက်	akau' khun gjei nja gje'
invullen (douaneaangifte ~)	ေလျှာက်လွှာဖြည့်သည်	shau' hlwa bji. de
een douaneaangifte invullen	သယ်ယူပစ္စည်းစာရင်း	the ju pji' si: zajin:
	ေကြညာသည်	kjei nja de
paspoortcontrole (de)	ပတ်စပို့ထိန်းချုပ်မှု	pa's pou. htein: gju' hmu.
bagage (de)	ဝန်စည်စလယ်	wun zi za. li
handbagage (de)	လက်ကွဲပစ္စည်း	le' swe: pji' si:
bagagekarretje (het)	ပစ္စည်းတင်သည့်လှည်း	pji' si: din dhe. hle:
landing (de)	ဆင်းသက်ခြင်း	hsin: dha' chin:
landingsbaan (de)	အဆင်းလမ်း	ahsin: lan:
landen (ww)	ဆင်းသက်သည်	hsin: dha' te
vliegtuigtrap (de)	ေလယာဉ်ေလှကား	lei jan hlei ka:
inchecken (het)	စာရင်းသွင်းခြင်း	sajin: dhwin: gjin:
incheckbalie (de)	စာရင်းသွင်းေကာင်တာ	sajin: gaun da
inchecken (ww)	စာရင်းသွင်းသည်	sajin: dhwin: de
instapkaart (de)	ေလယာဉ်ေပါ်တက်ခွင့်လက်မှတ်	lei jan bo de' khwin. le' hma'
gate (de)	ေလယာဉ်ထွက်ခွာရာဂိတ်	lei jan dwe' khwa ja gei'
transit (de)	အကူးအေပြာင်း	aku: apjaun:
wachten (ww)	ေစာင့်သည်	saun. de

wachtzaal (de)	ထွက်ခွာရာခန်းမ	htwe' kha ja gan: ma.
begeleiden (uitwuiven)	လိုက်ပို့သည်	lai' bou. de
afscheid nemen (ww)	နှုတ်ဆက်သည်	hnou' hsei' te

24. Vliegtuig

vliegtuig (het)	လေယာဉ်	lei jan
vliegticket (het)	လေယာဉ်လက်မှတ်	lei jan le' hma'
luchtvaartmaatschappij (de)	လေကြောင်း	lei gjaun:
luchthaven (de)	လေဆိပ်	lei zi'
supersonisch (bn)	အသံထက်မြန်သော	athan de' mjan de.
gezagvoerder (de)	လေယာဉ်မှူး	lei jan hmu:
bemanning (de)	လေယာဉ်အမှုထမ်းအဖွဲ့	lei jan ahmu. dan: ahpwe.
piloot (de)	လေယာဉ်မောင်းသူ	lei jan maun dhu
stewardess (de)	လေယာဉ်မယ်	lei jan me
stuurman (de)	လေကြောင်းပြ	lei gjaun: bja.
vleugels (mv.)	လေယာဉ်တောင်ပံ	lei jan daun ban
staart (de)	လေယာဉ်အမြီး	lei jan amji:
cabine (de)	လေယာဉ်မောင်းအခန်း	lei jan maun akhan:
motor (de)	အင်ဂျင်	in gjin
landingsgestel (het)	အောက်ခံဘောင်	au' khan baun
turbine (de)	တာဘိုင်	ta bain
propeller (de)	ပန်ကာ	pan ga
zwarte doos (de)	ဘလက်ဘောက်	ba. le' bo'
stuur (het)	ပဲ့ကိုင်ဘီး	pe. gain bi:
brandstof (de)	လောင်စာ	laun za
veiligheidskaart (de)	အရေးပေါ်လုံခြုံရေး ညွှန်ကြားစာ	ajei: po' choun loun jei: hnjun gja: za
zuurstofmasker (het)	အောက်ဆီဂျင်မျက်နှာဖုံး	au' hsi gjin mje' hna hpoun:
uniform (het)	ယူနီဖောင်း	ju ni hpaun:
reddingsvest (de)	အသက်ကယ်အင်္ကျီ	athe' kai in: gji
parachute (de)	လေထီး	lei di:
opstijgen (het)	ထွက်ခွါခြင်း	htwe' khwa gjin:
opstijgen (ww)	ပျံတက်သည်	pjan de' te
startbaan (de)	လေယာဉ်ပြေးလမ်း	lei jan bei: lan:
zicht (het)	မြင်ကွင်း	mjin gwin:
vlucht (de)	ပျံသန်းခြင်း	pjan dan: gjin:
hoogte (de)	အမြင့်	amjin.
luchtzak (de)	လေမငြိမ်အရပ်	lei ma ngjin aja'
plaats (de)	ထိုင်ခုံ	htain goun
koptelefoon (de)	နားကြပ်	na: kja'
tafeltje (het)	ခေါက်စားပွဲ	khau' sa: bwe:
venster (het)	လေယာဉ်ပြတင်းပေါက်	lei jan bja. din: bau'
gangpad (het)	မင်းလမ်း	min: lan:

25. Trein

trein (de)	ရထား	jatha:
elektrische trein (de)	လျပ်စစ်တောက်အားသုံးရထား	hlja' si' da' a: dhou: ja da:
sneltrein (de)	အမြန်ရထား	aman ja. hta:
diesellocomotief (de)	ဒီဇယ်ရထား	di ze ja da:
stoomlocomotief (de)	ရေနွေးငွေ့စက်ခေါင်း	jei nwei: ngwei. ze' khaun:

rijtuig (het)	အတွဲ	atwe:
restauratierijtuig (het)	စားသောက်တွဲ	sa: thau' thwe:

rails (mv.)	ရထားသံလမ်း	jatha dhan lan:
spoorweg (de)	ရထားလမ်း	jatha: lan:
dwarsligger (de)	ဇလီဖားတုံး	zali ba: doun

perron (het)	စင်္ကြန်	sin gjan
spoor (het)	ရထားစင်္ကြန်	jatha zin gjan
semafoor (de)	မီးပွိုင့်	mi: bwain.
halte (bijv. kleine treinhalte)	ဘူတာရုံ	bu da joun

machinist (de)	ရထားမောင်းသူ	jatha: maun: dhu
kruier (de)	အထမ်းသမား	a htan: dha. ma:
conducteur (de)	အစောင့်	asaun.
passagier (de)	ခရီးသည်	khaji: de
controleur (de)	လက်မှတ်စစ်ဆေးသူ	le' hma' ti' hsei: dhu:

gang (in een trein)	ကော်ရစ်တာ	ko ji' ta
noodrem (de)	အရေးပေါ်ဘရိတ်	ajei: po' ba ji'
coupé (de)	အခန်း	akhan:
bed (slaapplaats)	အိပ်ခင်	ei' zin
bovenste bed (het)	အပေါ်ထပ်အိပ်ခင်	apo htap ei' sin
onderste bed (het)	အောက်ထပ်အိပ်ခင်	au' hta' ei' sin
beddengoed (het)	အိပ်ရာခင်း	ei' ja khin:

kaartje (het)	လက်မှတ်	le' hma'
dienstregeling (de)	အချိန်ဇယား	achein zaja:
informatiebord (het)	အချက်အလက်ပြနေရာ	ache' ale' pja. nei ja

vertrekken	ထွက်ခွါသည်	htwe' khwa de
(De trein vertrekt …)		

vertrek (ov. een trein)	အထွက်	a htwe'
aankomen (ov. de treinen)	ဆိုက်ရောက်သည်	hseu' jau' de
aankomst (de)	ဆိုက်ရောက်ရာ	hseu' jau' ja

aankomen per trein	မီးရထားဖြင့်ရောက်ရှိသည်	mi: ja. da: bjin. jau' shi. de
in de trein stappen	မီးရထားစီးသည်	mi: ja. da: zi: de
uit de trein stappen	မီးရထားမှဆင်းသည်	mi: ja. da: hma. zin: de

treinwrak (het)	ရထားတိုက်ခြင်း	jatha: dai' chin:
ontspoord zijn	ရထားလမ်းချော်သည်	jatha: lan: gjo de

stoomlocomotief (de)	ရေနွေးငွေ့စက်ခေါင်း	jei nwei: ngwei. ze' khaun:
stoker (de)	မီးထိုးသမား	mi: dou: dhama:
stookplaats (de)	မီးဖို	mi: bou
steenkool (de)	ကျောက်မီးသွေး	kjau' mi dhwei:

26. Schip

| schip (het) | သင်္ဘော | thin: bo: |
| vaartuig (het) | ရေယာဉ် | jei jan |

stoomboot (de)	မီးသင်္ဘော	mi: dha. bo:
motorschip (het)	အပျော်စီးမော်တော်ဘုတ်ငယ်	apjo zi: mo do bou' nge
lijnschip (het)	ပင်လယ်အပျော်စီးသင်္ဘော	pin le apjo zi: dhin: bo:
kruiser (de)	လေယာဉ်တင်သင်္ဘော	lei jan din

jacht (het)	အပျော်စီးရွက်လှေ	apjo zi: jwe' hlei
sleepboot (de)	ဆွဲသင်္ဘော	hswe: thin: bo:
duwbak (de)	ဖောင်	hpaun
ferryboot (de)	ကူးတို့သင်္ဘော	gadou. thin: bo:

| zeilboot (de) | ရွက်သင်္ဘော | jwe' thin: bo: |
| brigantijn (de) | ရွက်လှေ | jwe' hlei |

| ijsbreker (de) | ရေခဲပြင်ခွဲသင်္ဘော | jei ge: bjin gwe: dhin: bo: |
| duikboot (de) | ရေငုပ်သင်္ဘော | jei ngou' thin: bo: |

boot (de)	လှေ	hlei
sloep (de)	ရော်ဘာလှေ	jo ba hlei
reddingssloep (de)	အသက်ကယ်လှေ	athe' kai hlei
motorboot (de)	မော်တော်ဘုတ်	mo to bou'

kapitein (de)	ရေယာဉ်မှူး	jei jan hmu:
zeeman (de)	သင်္ဘောသား	thin: bo: dha:
matroos (de)	သင်္ဘောသား	thin: bo: dha:
bemanning (de)	သင်္ဘောအမှုထမ်းအဖွဲ့	thin: bo: ahmu. htan: ahpwe.

bootsman (de)	ရေတပ်အရာရှိငယ်	jei da' aja shi. nge
scheepsjongen (de)	သင်္ဘောသားကလေး	thin: bo: dha: galei:
kok (de)	ထမင်းချက်	htamin: gje'
scheepsarts (de)	သင်္ဘောဆရာဝန်	thin: bo: zaja wun

dek (het)	သင်္ဘောကုန်းပတ်	thin: bo: koun: ba'
mast (de)	ရွက်တိုင်	jwe' tai'
zeil (het)	ရွက်	jwe'

ruim (het)	ဝမ်းတွင်း	wan: twin:
voorsteven (de)	ဦးစွန်း	u: zun:
achtersteven (de)	ပဲ့ပိုင်း	pe. bain:
roeispaan (de)	လှော်တက်	hlo de'
schroef (de)	သင်္ဘောပန်ကာ	thin: bo: ban ga

kajuit (de)	သင်္ဘောပေါ်မှအခန်း	thin: bo: bo hma. aksan:
officierskamer (de)	အရာရှိများရှိသာ	aja shi. mja: jin dha
machinekamer (de)	စက်ခန်း	se' khan:
brug (de)	ကွပ်ကဲခန်း	ku' ke: khan:
radiokamer (de)	ရေဒီယိုခန်း	rei di jou gan:
radiogolf (de)	လှိုင်း	hlain:
logboek (het)	မှတ်တမ်းစာအုပ်	hma' tan: za ou'
verrekijker (de)	အဝေးကြည့်မှန်ပြောင်း	awei: gji. hman bjaun:
klok (de)	ခေါင်းလောင်း	gaun: laun:

vlag (de)	အလံ	alan
kabel (de)	သင်္ဘောသုံးလွန်ကြိုး	thin: bo: dhaun: lun gjou:
knoop (de)	ကြိုးထုံး	kjou: htoun:
leuning (de)	လက်ရန်း	le' jan
trap (de)	သင်္ဘောကုန်းပေါင်	thin: bo: koun: baun
anker (het)	ကျောက်ဆူး	kjau' hsu:
het anker lichten	ကျောက်ဆူးနုတ်သည်	kjau' hsu: nou' te
het anker neerlaten	ကျောက်ချသည်	kjau' cha. de
ankerketting (de)	ကျောက်ဆူးကြိုး	kjau' hsu: kjou:
haven (bijv. containerhaven)	ဆိပ်ကမ်း	hsi' kan:
kaai (de)	သင်္ဘောဆိပ်	thin: bo: zei'
aanleggen (ww)	ဆိုက်ကပ်သည်	hseu' ka' de
wegvaren (ww)	စွန့်ပစ်သည်	sun. bi' de
reis (de)	ခရီးထွက်ခြင်း	khaji: htwe' chin:
cruise (de)	အပျော်ခရီး	apjo gaji:
koers (de)	ဦးတည်ရာ	u: ti ja
route (de)	လမ်းကြောင်း	lan: gjaun:
vaarwater (het)	သင်္ဘောရေကြောင်း	thin: bo: jei gjaun:
zandbank (de)	ရေတိမ်ပိုင်း	jei dein bain:
stranden (ww)	ကမ်းကပ်သည်	kan ka' te
storm (de)	မုန်တိုင်း	moun dain:
signaal (het)	အချက်ပြ	ache' pja.
zinken (ov. een boot)	နစ်မြုပ်သည်	ni' mjou' te
Man overboord!	လူရေထဲကျ	lu jei de: gja
SOS (noodsignaal)	အက်စ်အိုအက်စ်	e's o e's
reddingsboei (de)	အသက်ကယ်ဘော	athe' kai bo

STAD

Nederlands	Birmaans	Transcriptie
bus, autobus (de)	ဘတ်စ်ကား	ba's ka:
tram (de)	တတ်ရထား	da' ja hta:
trolleybus (de)	တတ်ကား	da' ka:
route (de)	လမ်းကြောင်း	lan: gjaun:
nummer (busnummer, enz.)	ကားနံပါတ်	ka: nan ba'
rijden met ...	ယဉ်စီးသည်	jin zi: de
stappen (in de bus ~)	ထိုင်သည်	htain de
afstappen (ww)	ကားပေါ်မှဆင်းသည်	ka: bo hma. zin: de
halte (de)	မှတ်တိုင်	hma' tain
volgende halte (de)	နောက်မှတ်တိုင်	nau' hma' tain
eindpunt (het)	အဆုံးမှတ်တိုင်	ahsoun: hma' tain
dienstregeling (de)	အချိန်ဇယား	achein zaja:
wachten (ww)	စောင့်သည်	saun. de
kaartje (het)	လက်မှတ်	le' hma'
reiskosten (de)	ယာဉ်စီးခ	jin zi: ga.
kassier (de)	ငွေကိုင်	ngwei gain
kaartcontrole (de)	လက်မှတ်စစ်ဆေးခြင်း	le' hma' ti' hsei: chin
controleur (de)	လက်မှတ်စစ်ဆေးသူ	le' hma' ti' hsei: dhu:
te laat zijn (ww)	နောက်ကျသည်	nau' kja. de
missen (de bus ~)	ကားနောက်ကျသည်	ka: nau' kja de
zich haasten (ww)	အမြန်လုပ်သည်	aman lou' de
taxi (de)	တက္ကစီ	te' kasi
taxichauffeur (de)	တက္ကစီမောင်းသူ	te' kasi maun: dhu
met de taxi (bw)	တက္ကစီဖြင့်	te' kasi hpjin.
taxistandplaats (de)	တက္ကစီစရပ်	te' kasi zu. ja'
een taxi bestellen	တက္ကစီခေါ်သည်	te' kasi go de
een taxi nemen	တက္ကစီငှားသည်	te' kasi hnga: de
verkeer (het)	ယာဉ်အသွားအလာ	jin athwa: ala
file (de)	ယာဉ်ကြောပိတ်ဆို့မှု	jin gjo: bei' hsou. hmu.
spitsuur (het)	အလုပ်ဆင်းချိန်	alou' hsin: gjain
parkeren (on.ww.)	ယာဉ်ရပ်နားရန်နေရာယူသည်	jin ja' na: jan nei ja ju de
parkeren (ov.ww.)	ကားအားပါကင်ထိုးသည်	ka: a: pa kin dou: de
parking (de)	ပါကင်	pa gin
metro (de)	မြေအောက်ဥမင်လမ်း	mjei au' u. min lan:
halte (bijv. kleine treinhalte)	ဘူတာရုံ	bu da joun
de metro nemen	မြေအောက်ရထားဖြင့်သွားသည်	mjei au' ja. da: bjin. dhwa: de
trein (de)	ရထား	jatha:
station (treinstation)	ရထားဘူတာရုံ	jatha: buda joun

28. Stad. Het leven in de stad

stad (de)	မြို့	mjou.
hoofdstad (de)	မြို့တော်	mjou. do
dorp (het)	ရွာ	jwa

plattegrond (de)	မြို့လမ်းညွှန်မြေပုံ	mjou. lan hnjun mjei boun
centrum (ov. een stad)	မြို့လယ်ခေါင်	mjou. le gaun
voorstad (de)	ဆင်ခြေဖုံးအရပ်	hsin gjei aja'
voorstads- (abn)	ဆင်ခြေဖုံးအရပ်ဖြစ်သော	hsin gjei hpoun aja' hpa' te.

randgemeente (de)	မြို့စွန်	mjou. zun
omgeving (de)	ပတ်ဝန်းကျင်	pa' wun: gjin:
blok (huizenblok)	စည်းကားရာမြို့လယ်နေရာ	si: ga: ja mjou. le nei ja
woonwijk (de)	လူနေရပ်ကွက်	lu nei ja' kwe'

verkeer (het)	ယာဉ်အသွားအလာ	jin athwa: ala
verkeerslicht (het)	မီးပွိုင့်	mi: bwain.
openbaar vervoer (het)	ပြည်သူပိုင်ခရီးသွားပို့ဆောင်ရေး	pji dhu bain gaji: dhwa: bou. zaun jei:
kruispunt (het)	လမ်းဆုံ	lan: zoun

zebrapad (oversteekplaats)	လူကူးမျဉ်းကြား	lu gu: mji: gja:
onderdoorgang (de)	မြေအောက်လမ်းကူး	mjei au' lan: gu:
oversteken (de straat ~)	လမ်းကူးသည်	lan: gu: de
voetganger (de)	လမ်းသွားလမ်းလာ	lan: dhwa: lan: la
trottoir (het)	လူသွားလမ်း	lu dhwa: lan:

brug (de)	တံတား	dada:
dijk (de)	ကမ်းနားတာ	kan: na: da. man
fontein (de)	ရေပန်း	jei ban:

allee (de)	ရိပ်သာလမ်း	jei' tha lan:
park (het)	ပန်းခြံ	pan: gjan
boulevard (de)	လမ်းကျယ်	lan: ge
plein (het)	ရင်ပြင်	jin bjin
laan (de)	လမ်းမကြီး	lan: mi. gji:
straat (de)	လမ်း	lan:
zijstraat (de)	လမ်းသွယ်	lan: dhwe
doodlopende straat (de)	လမ်းဆုံး	lan: zoun:

huis (het)	အိမ်	ein
gebouw (het)	အဆောက်အဦ	ahsau' au
wolkenkrabber (de)	မိုးမျှော်တိုက်	mou: hmjo tou'

gevel (de)	အိမ်ရှေ့နံရံ	ein shei. nan jan
dak (het)	အမိုး	amou:
venster (het)	ပြတင်းပေါက်	badin: pau'
boog (de)	မုခ်ဝ	mou' wa.
pilaar (de)	တိုင်	tain
hoek (ov. een gebouw)	ထောင့်	htaun.

vitrine (de)	ဆိုင်ရှေ့ပစ္စည်းအခင်းအကျင်း	hseun shei. bji' si: akhin: akjin:
gevelreclame (de)	ဆိုင်းဘုတ်	hsain: bou'

affiche (de/het)	ပို့စတာ	pou sata
reclameposter (de)	ကြော်ငြာပို့စတာ	kjo nja bou sata
aanplakbord (het)	ကြော်ငြာဆိုင်းဘုတ်	kjo nja zain: bou'

vuilnis (de/het)	အမှိုက်	ahmai'
vuilnisbak (de)	အမှိုက်ပုံး	ahmai' poun:
afval weggooien (ww)	လွှင့်ပစ်သည်	hlwin. bi' te
stortplaats (de)	အမှိုက်ပုံ	ahmai' poun

telefooncel (de)	တယ်လီဖုန်းဆက်ရန်နေရာ	te li hpoun: ze' jan nei ja
straatlicht (het)	လမ်းမီး	lan: mi:
bank (de)	ခုံတန်းရှည်	khoun dan: shei

politieagent (de)	ရဲ	je:
politie (de)	ရဲ	je:
zwerver (de)	သူတောင်းစား	thu daun: za:
dakloze (de)	အိမ်ယာမဲ့	ein ja me.

29. Stedelijke instellingen

winkel (de)	ဆိုင်	hsain
apotheek (de)	ဆေးဆိုင်	hsei: zain
optiek (de)	မျက်မှန်ဆိုင်	mje' hman zain
winkelcentrum (het)	ဈေးဝင်စင်တာ	zei: wun zin da
supermarkt (de)	ကုန်တိုက်ကြီး	koun dou' kji:

bakkerij (de)	မုန့်တိုက်	moun. dai'
bakker (de)	ပေါင်မုန့်ဖုတ်သူ	paun moun. bou' dhu
banketbakkerij (de)	မုန့်ဆိုင်	moun. zain
kruidenier (de)	ကုန်စုံဆိုင်	koun zoun zain
slagerij (de)	အသားဆိုင်	atha: ain

| groentewinkel (de) | ဟင်းသီးဟင်းရွက်ဆိုင် | hin: dhi: hin: jwe' hsain |
| markt (de) | ဈေး | zei: |

koffiehuis (het)	ကော်ဖီဆိုင်	ko hpi zain
restaurant (het)	စားသောက်ဆိုင်	sa: thau' hsain
bar (de)	ဘီယာဆိုင်	bi ja zain:
pizzeria (de)	ပီဇာမုန့်ဆိုင်	pi za moun. zain

kapperssalon (de/het)	ဆံပင်ညှပ်ဆိုင်	zain hnja' hsain
postkantoor (het)	စာတိုက်	sa dai'
stomerij (de)	အဝတ်အခြောက်လျှော်လုပ်ငန်း	awu' achou' hlo: lou' ngan:
fotostudio (de)	ဓာတ်ပုံရိုက်ခန်း	da' poun jai' khan:

schoenwinkel (de)	ဖိနပ်ဆိုင်	hpana' sain
boekhandel (de)	စာအုပ်ဆိုင်	sa ou' hsain
sportwinkel (de)	အားကစားပစ္စည်းဆိုင်	a: gaza: pji' si: zain

kledingreparatie (de)	စက်ပြင်ဆိုင်	se' pjin zain
kledingverhuur (de)	ဝတ်စုံအငှားဆိုင်	wa' zoun ahnga: zain
videotheek (de)	အခွေးဆိုင်	akhwei hnga: zain:
circus (de/het)	ဆပ်ကပ်	hsa' ka'
dierentuin (de)	တိရစ္ဆာန်ဥယျာဉ်	tharei' hsan u. jin

bioscoop (de)	ရုပ်ရှင်ရုံ	jou' shin joun
museum (het)	ပြတိုက်	pja. dai'
bibliotheek (de)	စာကြည့်တိုက်	sa gji. dai'

theater (het)	ကဇာတ်ရုံ	ka. za' joun
opera (de)	အော်ပရာဇာတ်ရုံ	o pa ra za' joun
nachtclub (de)	နိုက်ကလပ်	nai' ka. la'
casino (het)	လောင်းကစားရုံ	laun: gaza: joun

moskee (de)	ဗလီ	bali
synagoge (de)	ရူဟူဒီဘုရား ရှိုးကျောင်း	ja. hu di bu. ja: shi. gou: gjaun:
kathedraal (de)	ဘုရားရှိုးကျောင်းတော်	hpaja: gjaun: do:
tempel (de)	ဘုရားကျောင်း	hpaja: gjaun:
kerk (de)	ဘုရားကျောင်း	hpaja: gjaun:

instituut (het)	တက္ကသိုလ်	te' kathou
universiteit (de)	တက္ကသိုလ်	te' kathou
school (de)	စာသင်ကျောင်း	sa dhin gjaun:

gemeentehuis (het)	မြိရင်စုနယ်	si jin zu. ne
stadhuis (het)	မြို့တော်ခန်းမ	mjou. do gan: ma.
hotel (het)	ဟိုတယ်	hou te
bank (de)	ဘဏ်	ban

ambassade (de)	သံရုံး	than joun:
reisbureau (het)	ခရီးသွားလုပ်ငန်း	khaji: thwa: lou' ngan:
informatieloket (het)	သတင်းအချက်အလက်ဌာန	dhadin: akje' ale' hta. na.
wisselkantoor (het)	ငွေလဲရန်နေရာ	ngwei le: jan nei ja

| metro (de) | မြေအောက်ဥမင်လမ်း | mjei au' u. min lan: |
| ziekenhuis (het) | ဆေးရုံ | hsei: joun |

| benzinestation (het) | ဆီဆိုင် | hsi: zain |
| parking (de) | ကားပါကင် | ka: pa kin |

30. Borden

gevelreclame (de)	ဆိုင်းဘုတ်	hsain: bou'
opschrift (het)	သတိပေးစာ	dhadi. pei: za
poster (de)	ပိုစတာ	pou sata
wegwijzer (de)	လမ်းညွှန်	lan: hnjun
pijl (de)	လမ်းညွှန်မြား	lan: hnjun hmja:

waarschuwing (verwittiging)	သတိပေးခြင်း	dhadi. pei: gjin:
waarschuwingsbord (het)	သတိပေးချက်	dhadi. pei: gje'
waarschuwen (ww)	သတိပေးသည်	dhadi. pei: de

vrije dag (de)	ရုံးပိတ်ရက်	joun: bei' je'
dienstregeling (de)	အချိန်ဇယား	achein zaja:
openingsuren (mv.)	ဖွင့်ချိန်	hpwin. gjin

| WELKOM! | ကြိုဆိုပါသည် | kjou hsou ba de |
| INGANG | ဝင်ပေါက် | win bau' |

UITGANG	ထွက်ပေါက်	htwe' pau'
DUWEN	တွန်းသည်	tun: de
TREKKEN	ဆွဲသည်	hswe: de
OPEN	ဖွင့်သည်	hpwin. de
GESLOTEN	ပိတ်သည်	pei' te
DAMES	အမျိုးသမီးသုံး	amjou: dhami: dhoun:
HEREN	အမျိုးသားသုံး	amjou: dha: dhoun:
KORTING	လျှော့ဈေး	sho. zei:
UITVERKOOP	လျှော့ဈေး	sho. zei:
NIEUW!	အသစ်	athi'
GRATIS	အခမဲ့	akha me.
PAS OP!	သတိ	thadi.
VOLGEBOEKT	အလွတ်မရှိ	alu' ma shi.
GERESERVEERD	ကြိုတင်မှာယူထားပြီး	kjou tin hma ju da: bji:
ADMINISTRATIE	စီမံအုပ်ချုပ်ခြင်း	si man ou' chou' chin:
ALLEEN VOOR PERSONEEL	အမှုထမ်းအတွက်အသာ	ahmu. htan: atwe' atha
GEVAARLIJKE HOND	ခွေးကိုက်တတ်သည်	khwei: kai' ta' te
VERBODEN TE ROKEN!	ဆေးလိပ်မသောက်ရ	hsei: lei' ma. dhau' ja.
NIET AANRAKEN!	မထိရ	ma. di. ja.
GEVAARLIJK	အန္တရာယ်ရှိသည်	an dare shi. de.
GEVAAR	အန္တရာယ်	an dare
HOOGSPANNING	ဗို့အားပြင်း	bou. a: bjin:
VERBODEN TE ZWEMMEN	ရေမကူးရ	jei ma. gu: ja.
BUITEN GEBRUIK	ပျက်နေသည်	pje' nei de
ONTVLAMBAAR	မီးလောင်တတ်သည်	mi: laun da' te
VERBODEN	တားမြစ်သည်	ta: mji' te
DOORGANG VERBODEN	မကျူးကျော်ရ	ma. gju: gjo ja
OPGELET PAS GEVERFD	ဆေးမခြောက်သေး	hsei: ma. gjau' dhei:

31. Winkelen

kopen (ww)	ဝယ်သည်	we de
aankoop (de)	ဝယ်စရာ	we zaja
winkelen (ww)	ဈေးဝယ်ထွက်ခြင်း	zei: we htwe' chin:
winkelen (het)	ရှော့ပင်း	sho. bin:
open zijn (ov. een winkel, enz.)	ဆိုင်ဖွင့်သည်	hsain bwin. de
gesloten zijn (ww)	ဆိုင်ပိတ်သည်	hseun bi' te
schoeisel (het)	ဖိနပ်	hpana'
kleren (mv.)	အဝတ်အစား	awu' aza:
cosmetica (mv.)	အလှကုန်ပစ္စည်း	ahla. koun pji' si:
voedingswaren (mv.)	စားသောက်ကုန်	sa: thau' koun
geschenk (het)	လက်ဆောင်	le' hsaun
verkoper (de)	ရောင်းသူ	jaun: dhu

verkoopster (de)	ရောင်းသူ	jaun: dhu
kassa (de)	ငွေရှင်းရန်နေရာ	ngwei shin: jan nei ja
spiegel (de)	မှန်	hman
toonbank (de)	ကောင်တာ	kaun da
paskamer (de)	အဝတ်လဲခန်း	awu' le: gan:

aanpassen (ww)	တိုင်းကြည့်သည်	tain: dhi. de
passen (ov. kleren)	သင့်တော်သည်	thin. do de
bevallen (prettig vinden)	ကြိုက်သည်	kjai' de

prijs (de)	ဈေးနှန်း	zei: hnan:
prijskaartje (het)	ဈေးနှန်းကတ်ပြား	zei: hnan: ka' pja:
kosten (ww)	ကုန်ကျသည်	koun mja. de
Hoeveel?	ဘယ်လောက်လဲ	be lau' le:
korting (de)	လျှော့ဈေး	sho. zei:

niet duur (bn)	ဈေးမကြီးသော	zei: ma. kji: de.
goedkoop (bn)	ဈေးပေါသော	zei: po: de.
duur (bn)	ဈေးကြီးသော	zei: kji: de.
Dat is duur.	ဒါဈေးကြီးတယ်	da zei: gji: de

verhuur (de)	ငှားရမ်းခြင်း	hna: jan: chin:
huren (smoking, enz.)	ငှားရမ်းသည်	hna: jan: de
krediet (het)	အကြွေးဝန်စိ	akjwei: sani'
op krediet (bw)	အကြွေးဝန်စိဖြင့်	akjwei: sa ni' hpjin.

KLEDING EN ACCESSOIRES

32. Bovenkleding. Jassen

kleren (mv.)	အဝတ်အစား	awu' aza:
bovenkleding (de)	အပေါ်ဝတ်အကျီ	apo we' in: gji
winterkleding (de)	ဆောင်းတွင်းဝတ်အဝတ်အစား	hsaun: dwin: wu' awu' asa:
jas (de)	ကုတ်အကျီရှည်	kou' akji shi
bontjas (de)	သားမွေးအနွေးထည်	tha: mwei: anwei: de
bontjasje (het)	အမွေးပွအပေါ်အကျီ	ahmwei pwa po akji.
donzen jas (de)	၄ုက်မွေးကုတ်အကျီ	hnge' hmwei: kou' akji.
jasje (bijv. een leren ~)	အပေါ်အကျီ	apo akji.
regenjas (de)	မိုးကာအကျီ	mou: ga akji
waterdicht (bn)	ရေလုံသော	jei loun de.

33. Heren & dames kleding

overhemd (het)	ရှပ်အကျီ	sha' in gji
broek (de)	ဘောင်းဘီ	baun: bi
jeans (de)	ဂျင်းဘောင်းဘီ	gjin: bain: bi
colbert (de)	အပေါ်အကျီ	apo akji.
kostuum (het)	အနောက်တိုင်းဝတ်စုံ	anau' tain: wu' saun
jurk (de)	ဂါဝန်	ga wun
rok (de)	စကတ်	saka'
blouse (de)	ဘလောက်စ်အကျီ	ba. lau' s in: gji
wollen vest (de)	ကြယ်သီးပါသော အနွေးထည်	kje dhi: ba de. anwei: dhe
blazer (kort jasje)	အပေါ်ဖုံးအကျီ	apo hpoun akji.
T-shirt (het)	တီရှပ်	ti shi'
shorts (mv.)	ဘောင်းဘီတို	baun: bi dou
trainingspak (het)	အားကစားဝတ်စုံ	a: gaza: wu' soun
badjas (de)	ရေချိုးခန်းဝတ်စုံ	jei gjou: gan: wu' soun
pyjama (de)	ညအိပ်ဝတ်စုံ	nja a' wu' soun
sweater (de)	ဆွယ်တာ	hswe da
pullover (de)	ဆွယ်တာ	hswe da
gilet (het)	ဝစ်ကုတ်	wi' kou'
rokkostuum (het)	တေးလ်ကုတ်အကျီ	tei: l kou' in: gji
smoking (de)	ညစာစားပွဲဝတ်စုံ	nja. za za: bwe: wu' soun
uniform (het)	တူညီဝတ်စုံ	tu nji wa' soun
werkkleding (de)	အလုပ်ဝင် ဝတ်စုံ	alou' win wu' zoun
overall (de)	စက်ရုံဝတ်စုံ	se' joun wu' soun
doktersjas (de)	ဂျူတိကုတ်	gju di gou'

34. Kleding. Ondergoed

ondergoed (het)	အတွင်းခံ	atwin: gan
herenslip (de)	ယောကျာ်းဝတ်အတွင်းခံ	jau' kja: wu' atwin: gan
slipjes (mv.)	မိန်းကလေးဝတ်အတွင်းခံ	mein; galei; wa' atwin: gan
onderhemd (het)	စွပ်ကျယ်	su' kje
sokken (mv.)	ခြေအိတ်များ	chei ei' mja:
nachthemd (het)	ညအိပ်ဂါဝန်ရှည်	nja a' ga wun she
beha (de)	ဘရာစီယာ	ba ra si ja
kniekousen (mv.)	ခြေအိတ်ရှည်	chei ei' shi
panty (de)	အသားကပ်-ဘောင်းဘီရှည်	atha: ka' baun: bi shei
nylonkousen (mv.)	စတော့ကင်	sato. kin
badpak (het)	ရေကူးဝတ်စုံ	jei ku: wa' zoun

35. Hoofddeksels

hoed (de)	ဦးထုပ်	u: htou'
deukhoed (de)	ဦးထုပ်ပျော့	u: htou' pjo.
honkbalpet (de)	ရာထိုးဦးထုပ်	sha dou: u: dou'
kleppet (de)	လူကြီးဆောင်းဦးထုပ်ပြား	lu gji: zaun: u: dou' pja:
baret (de)	ဘယ်ရီဦးထုပ်	be ji u: htu'
kap (de)	အကျီတွင်ပါသော ခေါင်းစွပ်	akji. twin pa dho: gaun: zu'
panamahoed (de)	ဦးထုပ်အဝိုင်း	u: htou' awain:
gebreide muts (de)	သိုးမွေးခေါင်းစွပ်	thou: mwei: gaun: zu'
hoofddoek (de)	ခေါင်းစည်းပုဝါ	gaun: zi: bu. wa
dameshoed (de)	အမျိုးသမီးဆောင်းဦးထုပ်	amjou: dhami: zaun: u: htou'
veiligheidshelm (de)	ဦးထုပ်အမာ	u: htou' ama
veldmuts (de)	တပ်မတော်သုံးဦးထုပ်	ta' mado dhoun: u: dou'
helm, valhelm (de)	အမာစားဦးထုပ်	ama za: u: htou'
bolhoed (de)	ဦးထုပ်လုံး	u: htou' loun:
hoge hoed (de)	ဦးထုပ်မြင့်	u: htou' mjin.

36. Schoeisel

schoeisel (het)	ဖိနပ်	hpana'
schoenen (mv.)	ရှူးဖိနပ်	shu: hpi. na'
vrouwenschoenen (mv.)	မိန်းကလေးစီးရှူးဖိနပ်	mein; galei: zi: shu: bi. na'
laarzen (mv.)	လည်ရှည်ဖိနပ်	le she bi. na'
pantoffels (mv.)	အိမ်တွင်းစီးကွင်းထိုးဖိနပ်	ein dwin:
sportschoenen (mv.)	အားကစားဖိနပ်	a: gaza: bana'
sneakers (mv.)	ပတ္တူဖိနပ်	pa' tu bi. na'
sandalen (mv.)	ကြိုးသိုင်းဖိနပ်	kjou: dhain: bi. na'
schoenlapper (de)	ဖိနပ်ချုပ်သသမား	hpana' chou' tha ma:
hiel (de)	ဒေါက်	dau'

43

paar (een ~ schoenen)	အစုံ	asoun.
veter (de)	ဖိနပ်ကြိုး	hpana' kjou:
rijgen (schoenen ~)	ဖိနပ်ကြိုးချည်သည်	hpana' kjou: gjin de
schoenlepel (de)	ဖိနပ်စီးရာသွင်းသုံး သည့် ဖိနပ်ကော	hpana' si: ja dhwin dhoun: dhin. hpana' ko
schoensmeer (de/het)	ဖိနပ်တိုက်ဆေး	hpana' tou' hsei:

37. Persoonlijke accessoires

handschoenen (mv.)	လက်အိတ်	lei' ei'
wanten (mv.)	နှစ်ကန့်လက်အိတ်	hni' kan. le' ei'
sjaal (fleece ~)	မာဖလာ	ma ba. la

bril (de)	မျက်မှန်	mje' hman
brilmontuur (het)	မျက်မှန်ကိုင်း	mje' hman gain:
paraplu (de)	ထီး	hti:
wandelstok (de)	တုတ်ကောက်	tou' kau'
haarborstel (de)	ခေါင်းဘီး	gaun: bi:
waaier (de)	ပန်ကန်	pan gan

das (de)	လည်စည်း	le zi:
strikje (het)	ဘဲပြားပုံလည်စည်း	hpe: bja: boun le zi:
bretels (mv.)	ဘောင်းဘီသိုင်းကြိုး	baun: bi dhain: gjou:
zakdoek (de)	လက်ကိုင်ပုဝါ	le' kain bu. wa

kam (de)	ဘီး	bi:
haarspeldje (het)	ဆံညှပ်	hsan hnja'
schuifspeldje (het)	ကလစ်	kali'
gesp (de)	ခါးပတ်ခေါင်း	kha: ba' khaun:

broekriem (de)	ခါးပတ်	kha: ba'
draagriem (de)	ပုခုံးသိုင်းကြိုး	pu. goun: dhain: gjou:

handtas (de)	လက်ကိုင်အိတ်	le' kain ei'
damestas (de)	မိန်းကလေးပုခုံးလွယ်အိတ်	mein: galei: bou goun: lwe ei'
rugzak (de)	ကျောပိုးအိတ်	kjo: bou: ei'

38. Kleding. Diversen

mode (de)	ဖက်ရှင်	hpe' shin
de mode (bn)	ခေတ်မီသော	khi' mi de.
kledingstilist (de)	ဖက်ရှင်ဒီဇိုင်နာ	hpe' shin di zain na

kraag (de)	အင်္ကျီကော်လာ	akji. ko la
zak (de)	အိတ်ကပ်	ei' ka'
zak- (abn)	အိတ်ဆောင်	ei' hsaun
mouw (de)	အင်္ကျီလက်	akji. le'
lusje (het)	အင်္ကျီရိုက်ကွင်း	akji. gjei' kwin:
gulp (de)	ဘောင်းဘီလျှာဆက်	baun: bi ja ze'

rits (de)	ဇစ်	zi'
sluiting (de)	ရှိတ်စရာ	che' zaja

knoop (de)	ကြယ်သီး	kje dhi:
knoopsgat (het)	ကြယ်သီးပေါက်	kje dhi: bau'
losraken (bijv. knopen)	ပြုတ်ထွက်သည်	pjou' htwe' te

naaien (kleren, enz.)	စက်ချုပ်သည်	se' khjou' te
borduren (ww)	ပန်းထိုးသည်	pan: dou: de
borduursel (het)	ပန်းထိုးခြင်း	pan: dou: gjin:
naald (de)	အပ်	a'
draad (de)	အပ်ချည်	a' chi
naad (de)	ချုပ်ရိုး	chou' jou:

vies worden (ww)	ညစ်ပေသွားသည်	nji' pei dhwa: de
vlek (de)	အစွန်းအထင်း	aswan: ahtin:
gekreukt raken (ov. kleren)	တွန့်ကြေစေသည်	tun. gjei zei de
scheuren (ov.ww.)	ပေါက်ပြဲသွားသည်	pau' pje: dhwa: de
mot (de)	အဝတ်ပိုးဖလံ	awu' pou: hpa. lan

39. Persoonlijke verzorging. Schoonheidsmiddelen

tandpasta (de)	သွားတိုက်ဆေး	thwa: tai' hsei:
tandenborstel (de)	သွားတိုက်တံ	thwa: tai' tan
tanden poetsen (ww)	သွားတိုက်သည်	thwa: tai' te

scheermes (het)	သင်တုန်းဓား	thin toun: da:
scheerschuim (het)	မုတ်ဆိတ်ရိတ် ဆပ်ပြာ	mou' zei' jei' hsa' pja
zich scheren (ww)	ရိတ်သည်	jei' te

zeep (de)	ဆပ်ပြာ	hsa' pja
shampoo (de)	ခေါင်းလျှော်ရည်	gaun: sho je

schaar (de)	ကတ်ကြေး	ka' kjei:
nagelvijl (de)	လက်သည်းတိုက်တံစဉ်း	le' the:
nagelknipper (de)	လက်သည်းညှပ်	le' the: hnja'
pincet (het)	ဇာဂနာ	za ga. na

cosmetica (mv.)	အလှကုန်ပစ္စည်း	ahla. koun pji' si:
masker (het)	မျက်နှာပေါင်းတင်ခြင်း	mje' hna baun: din gjin:
manicure (de)	လက်သည်းအလှပြင်ခြင်း	le' the: ahla bjin gjin
manicure doen	လက်သည်းအလှပြင်သည်	le' the: ahla bjin de
pedicure (de)	ခြေသည်းအလှပြင်သည်	chei dhi: ahla. pjin de

cosmetica tasje (het)	မိတ်ကပ်အိတ်	mi' ka' ei'
poeder (de/het)	ပေါင်ဒါ	paun da
poederdoos (de)	ပေါင်ဒါဘူး	paun da bu:
rouge (de)	ပါးနီ	pa: ni

parfum (de/het)	ရေမွှေး	jei mwei:
eau de toilet (de)	ရေမွှေး	jei mwei:
lotion (de)	လိုးရှင်း	lou shin:
eau de cologne (de)	အော်ဒီကလုန်းရေမွှေး	o di ka lun: jei mwei:

oogschaduw (de)	မျက်ခွံဆိုးဆေး	mje' khwan zou: zei:
oogpotlood (het)	အိုင်းလိုင်နာတောင့်	ain: lain: na daun.
mascara (de)	မျက်တောင်ခြယ်ဆေး	mje' taun gje zei:

45

lippenstift (de)	နှုတ်ခမ်းနီ	hna' khan: ni
nagellak (de)	လက်သည်းဆိုးဆေး	le' the: azou: zei:
haarlak (de)	ဆံပင်သုံး စပရေး	zabin dhoun za. ba. jei:
deodorant (de)	ချွေးနံ့ပျောက်ဆေး	chwei: nan. bjau' hsei:

crème (de)	ခရင်မ်	khajin m
gezichtscrème (de)	မျက်နှာခရင်မ်	mje' hna ga. jin m
handcrème (de)	ဟန်ခရင်မ်	han kha. rin m
antirimpelcrème (de)	အသားရေကြောက်ကာကွယ်ဆေး	atha: gjau' ka gwe zei:
dagcrème (de)	နေ့လိမ်းခရင်မ်	nei. lein: ga jin'm
nachtcrème (de)	ညလိမ်းခရင်မ်	nja lein: khajinm
dag- (abn)	နေ့လလဘက်သုံးသော	nei. le be' thoun: de.
nacht- (abn)	ညဘက်သုံးသော	nja. be' thoun: de.

tampon (de)	အဝတ်စ	ataun.
toiletpapier (het)	အိမ်သာသုံးစက္ကူ	ein dha dhoun: se' ku
föhn (de)	ဆံပင်အခြောက်ခံစက်	zabin achou' hsan za'

40. Horloges. Klokken

polshorloge (het)	နာရီ	na ji
wijzerplaat (de)	နာရီဒိုင်ခွက်	na ji dai' hpwe'
wijzer (de)	နာရီလက်တံ	na ji le' tan
metalen horlogeband (de)	နာရီကြိုး	na ji gjou:
horlogebandje (het)	နာရီကြိုး	na ji gjou:

batterij (de)	ဘက်ထရီ	da' khe:
leeg zijn (ww)	အားကုန်သည်	a: kun de
batterij vervangen	ဘက်ထရီလဲသည်	ba' hta ji le: de
voorlopen (ww)	မြန်သည်	mjan de
achterlopen (ww)	နောက်ကျသည်	nau' kja. de

wandklok (de)	တိုင်ကပ်နာရီ	tain ka' na ji
zandloper (de)	သဲနာရီ	the: naji
zonnewijzer (de)	နေနာရီ	nei na ji
wekker (de)	နှိုးစက်	hnou: ze'
horlogemaker (de)	နာရီပြင်ဆရာ	ma ji bjin zaja
repareren (ww)	ပြင်သည်	pjin de

ALLEDAAGSE ERVARING

41. Geld

Nederlands	Birmaans	Transcriptie
geld (het)	ပိုက်ဆံ	pai' hsan
ruil (de)	လဲလှယ်ခြင်း	le: hle gjin:
koers (de)	ငွေလဲနှုန်း	ngwei le: hnan:
geldautomaat (de)	အလိုအလျောက်ငွေထုတ်စက်	alou aljau' ngwei htou' se'
muntstuk (de)	အကြွေစေ့	akjwei zei.
dollar (de)	ဒေါ်လာ	do la
euro (de)	ယူရို	ju rou
lire (de)	အီတလီ လိုင်ရာငွေ	ita. li lain ja ngwei
Duitse mark (de)	ဂျာမန်မတ်ငွေ	gja man ma' ngwei
frank (de)	ဖရန့်	hpa. jan.
pond sterling (het)	စတာလင်ပေါင်	sata lin baun
yen (de)	ယန်း	jan:
schuld (geldbedrag)	အကြွေး	akjwei:
schuldenaar (de)	မြီစား	mji za:
uitlenen (ww)	ရေးသည်	chei: de
lenen (geld ~)	အကြွေးယူသည်	akjwei: ju de
bank (de)	ဘဏ်	ban
bankrekening (de)	ငွေစာရင်း	ngwei za jin:
storten (ww)	ထည့်သည်	hte de.
op rekening storten	ငွေသွင်းသည်	ngwei dhwin: de
opnemen (ww)	ငွေထုတ်သည်	ngwei dou' te
kredietkaart (de)	အကြွေးဝယ်ကဒ်ပြား	akjwei: we ka' pja
baar geld (het)	လက်ငင်း	le' ngin:
cheque (de)	ချက်	che'
een cheque uitschrijven	ချက်ရေးသည်	che' jei: de
chequeboekje (het)	ချက်စာအုပ်	che' sa ou'
portefeuille (de)	ပိုက်ဆံအိတ်	pai' hsan ei'
geldbeugel (de)	ပိုက်ဆံအိတ်	pai' hsan ei'
safe (de)	မီးခံသေတ္တာ	mi: gan dhi' ta
erfgenaam (de)	အမွေစားအမွေခံ	amwei za: amwei gan
erfenis (de)	အမွေဆက်ခံခြင်း	amwei ze' khan gjin:
fortuin (het)	အခွင့်အလမ်း	akhwin. alan:
huur (de)	အိမ်ငှား	ein hnga:
huurprijs (de)	အခန်းငှားခ	akhan: hnga: ga
huren (huis, kamer)	ငှားသည်	hnga: de
prijs (de)	ဈေးနှုန်း	zei: hnan:
kostprijs (de)	ကုန်ကျစရိတ်	koun gja. za. ji'

47

som (de)	ပေါင်းလဒ်	paun: la'
uitgeven (geld besteden)	သုံးစွဲသည်	thoun: zwe: de
kosten (mv.)	စရိတ်စက	zaei' zaga.
bezuinigen (ww)	ချွေတာသည်	chwei da de
zuinig (bn)	တွက်ခြေကိုက်သော	twe' chei kai' te.

betalen (ww)	ပေးချေသည်	pei: gjei de
betaling (de)	ပေးချေသည့်ငွေ	pei: gjei de. ngwei
wisselgeld (het)	ပြန်အမ်းငွေ	pjan an: ngwe

belasting (de)	အခွန်	akhun
boete (de)	ဒဏ်ငွေ	dan ngwei
beboeten (bekeuren)	ဒဏ်ရိုက်သည်	dan jai' de

42. Post. Postkantoor

postkantoor (het)	စာတိုက်	sa dai'
post (de)	မေးလ်	mei: l
postbode (de)	စာပို့သမား	sa bou. dhama:
openingsuren (mv.)	ဖွင့်ချိန်	hpwin. gjin

brief (de)	စာ	sa
aangetekende brief (de)	မှတ်ပုံတင်ပြီးသောစာ	hma' poun din bji: dho: za:
briefkaart (de)	ပို့စကဒ်	pou. sa. ka'
telegram (het)	ကြေးနန်း	kjei: nan:
postpakket (het)	ပါဆယ်	pa ze
overschrijving (de)	ငွေလွှဲခြင်း	ngwei hlwe: gjin:

ontvangen (ww)	လက်ခံရရှိသည်	le' khan ja. shi. de
sturen (zenden)	ပို့သည်	pou. de
verzending (de)	ပို့ခြင်း	pou. gjin:
adres (het)	လိပ်စာ	lei' sa
postcode (de)	စာပို့သင်္ကေတ	sa bou dhin kei ta.
verzender (de)	ပို့သူ	pou. dhu
ontvanger (de)	လက်ခံသူ	le' khan dhu

naam (de)	အမည်	amji
achternaam (de)	မိသားစုမျိုးရိုးနာမည်	mi. dha: zu. mjou: jou: na mji
tarief (het)	စာပို့နှုန်းထား	sa bou. kha. hnan: da:
standaard (bn)	စံနှုန်းသတ်မှတ်ထားသော	san hnoun: dha' hma' hta: de.
zuinig (bn)	ကုန်ကျငွေသက်သာသော	koun gja ngwe dhe' dha de.

gewicht (het)	အလေးချိန်	alei: gjein
afwegen (op de weegschaal)	ချိန်သည်	chein de
envelop (de)	စာအိတ်	sa ei'
postzegel (de)	တံဆိပ်ခေါင်း	da zei' khaun:
een postzegel plakken op	တံဆိပ်ခေါင်းကပ်သည်	da zei' khaun: ka' te

43. Bankieren

bank (de)	ဘဏ်	ban
bankfiliaal (het)	ဘဏ်ခွဲ	ban gwe:

bankbediende (de)	အတိုင်ပင်ခံပုဂ္ဂိုလ်	atain bin gan bou' gou
manager (de)	မန်နေဂျာ	man nei gji

bankrekening (de)	ဘဏ်ငွေစာရင်း	ban ngwei za jin
rekeningnummer (het)	ဘဏ်စာရင်းနံပါတ်	ban zajin: nan. ba'
lopende rekening (de)	ဘဏ်စာရင်းရှင်	ban zajin: shin
spaarrekening (de)	ဘဏ်ငွေစုစာရင်း	ban ngwei zu. za jin

een rekening openen	ဘဏ်စာရင်းဖွင့်သည်	ban zajin: hpwin. de
de rekening sluiten	ဘဏ်စာရင်းပိတ်သည်	ban zajin: bi' te
op rekening storten	ငွေသွင်းသည်	ngwei dhwin: de
opnemen (ww)	ငွေထုတ်သည်	ngwei dou' te

storting (de)	အပ်ငွေ	a' ngwei
een storting maken	ငွေအပ်သည်	ngwei a' te
overschrijving (de)	ကြေးနန်းဖြင့်ငွေလွှဲခြင်း	kjei: nan: bjin. ngwe hlwe: gjin
een overschrijving maken	ကြေးနန်းဖြင့်ငွေလွှဲသည်	kjei: nan: bjin. ngwe hlwe: de

som (de)	ပေါင်းလဒ်	paun: la'
Hoeveel?	ဘယ်လောက်လဲ	be lau' le:

handtekening (de)	လက်မှတ်	le' hma'
ondertekenen (ww)	လက်မှတ်ထိုးသည်	le' hma' htou: de

kredietkaart (de)	အကြွေးဝယ်ကဒ်-ခရက်ဒစ်ကဒ်	achwei: we ka' - ka' je' da' ka'
code (de)	ကုန်နံပါတ်	kou' nan ba'
kredietkaartnummer (het)	ခရက်ဒစ်ကဒ်နံပါတ်	kha. je' di' ka' nan ba'
geldautomaat (de)	အလိုအလျောက်ငွေထုတ်စက်	alou aljau' ngwei htou' se'

cheque (de)	ချက်လက်မှတ်	che' le' hma'
een cheque uitschrijven	ချက်ရေးသည်	che' jei: de
chequeboekje (het)	ချက်စာအုပ်	che' sa ou'

lening, krediet (de)	ချေးငွေ	chei: ngwei
een lening aanvragen	ချေးငွေလျှောက်လွှာတင်သည်	chei: ngwei shau' hlwa din de
een lening nemen	ချေးငွေယူသည်	chei: ngwei ja. ju de
een lening verlenen	ချေးငွေထုတ်ပေးသည်	chei: ngwei htou' pei: de
garantie (de)	အာမခံပစ္စည်း	a ma. gan bji' si:

44. Telefoon. Telefoongesprek

telefoon (de)	တယ်လီဖုန်း	te li hpoun:
mobieltje (het)	မိုဘိုင်းဖုန်း	mou bain: hpoun:
antwoordapparaat (het)	ဖုန်းထွေးစက်	hpoun: du: ze'

bellen (ww)	ဖုန်းဆက်သည်	hpoun: ze' te
belletje (telefoontje)	အဝင်ဖုန်း	awin hpun:

een nummer draaien	နံပါတ် နှိပ်သည်	nan ba' hnei' te
Hallo!	ဟလို	ha. lou
vragen (ww)	မေးသည်	mei: de
antwoorden (ww)	ဖြေသည်	hpjei de
horen (ww)	ကြားသည်	ka: de

goed (bw)	ကောင်းကောင်း	kaun: gaun:
slecht (bw)	အရမ်းမကောင်း	ajan: ma. gaun:
storingen (mv.)	ဖြတ်ဝင်သည့်ဆူညံသံ	hpja' win dhi. zu njan dhan
hoorn (de)	တယ်လီဖုန်းနားကြပ်ပိုင်း	te li hpoun: na: gja' pain:
opnemen (ww)	ဖုန်းကောက်ကိုင်သည်	hpoun: gau' gain de
ophangen (ww)	ဖုန်းချသည်	hpoun: gja de
bezet (bn)	လိုင်းမအားသော	lain: ma. a: de.
overgaan (ww)	မြည်သည်	mji de
telefoonboek (het)	တယ်လီဖုန်းလမ်းညွှန်စာအုပ်	te li hpoun: lan: hnjun za ou'
lokaal (bn)	ပြည်တွင်းဒေသတွင်းဖြစ်သော	pji dwin: dei. dha dwin: bji' te.
lokaal gesprek (het)	ပြည်တွင်းခေါ်ဆိုမှု	pji dwin: go zou hmu.
interlokaal (bn)	အဝေးခေါ်ဆိုနိုင်သော	awei: go zou nain de.
interlokaal gesprek (het)	အဝေးခေါ်ဆိုမှု	awei: go zou hmu.
buitenlands (bn)	အပြည်ပြည်ဆိုင်ရာဖြစ်သော	apji pji zain ja bja' de.
buitenlands gesprek (het)	အပြည်ပြည်ဆိုင်ရာခေါ်ဆိုမှု	apji pji zain ja go: zou hmu

45. Mobiele telefoon

mobieltje (het)	မိုဘိုင်းဖုန်း	mou bain: hpoun:
scherm (het)	ပြသခြင်း	pja. dha. gjin:
toets, knop (de)	ခလုတ်	khalou'
simkaart (de)	ဆင်းကဒ်	hsin: ka'
batterij (de)	ဘတ်ထရီ	ba' hta ji
leeg zijn (ww)	ဖုန်းအားကုန်သည်	hpoun: a: goun: de
acculader (de)	အားသွင်းကြိုး	a: dhwin: gjou:
menu (het)	အစားအသောက်စာရင်း	asa: athau' sa jin:
instellingen (mv.)	ချိန်ညှိခြင်း	chein hnji. chin:
melodie (beltoon)	တီးလုံး	ti: loun:
selecteren (ww)	ရွေးချယ်သည်	jwei: che de
rekenmachine (de)	ဂဏန်းပေါင်းစက်	ganan: baun: za'
voicemail (de)	အသံမေးလ်	athan mei:l
wekker (de)	နှိုးစက်	hnou: ze'
contacten (mv.)	ဖုန်းအဆက်အသွယ်များ	hpoun: ase' athwe mja:
SMS-bericht (het)	မက်ဆေ့ဂျ်	me' zei. gja
abonnee (de)	အသုံးပြုသူ	athoun: bju. dhu

46. Schrijfbehoeften

balpen (de)	ဘောပင်	bo pin
vulpen (de)	ဖောင်တိန်	hpaun din
potlood (het)	ခဲတံ	khe: dan
marker (de)	အရောင်တောက်မင်တံ	ajaun dau' min dan
viltstift (de)	ရေဆေးစုတ်တံ	jei zei: zou' tan
notitieboekje (het)	မှတ်စုစာအုပ်	hma' su. za ou'

agenda (boekje)	နေ့စဉ်မှတ်တမ်းစာအုပ်	nei. zin hma' tan: za ou'
liniaal (de/het)	ပေတံ	pei dan
rekenmachine (de)	ဂဏန်းပေါင်းစက်	ganan: baun: za'
gom (de)	ခဲဖျက်	khe: bje'
punaise (de)	ထိပ်ပြားကြီးသံရှူ	htei' pja: gji: dhan hmou
paperclip (de)	တွယ်ချိတ်	twe gjei'

lijm (de)	ကော်	ko
nietmachine (de)	စတပ်ပလာ	sate' pa. la
perforator (de)	အပေါက်ဖောက်စက်	apau' hpau' se'
potloodslijper (de)	ခဲချွန်စက်	khe: chun ze'

47. Vreemde talen

taal (de)	ဘာသာစကား	ba dha zaga:
vreemd (bn)	နိုင်ငံခြားနှင့်ဆိုင်သော	nain ngan gja: hnin. zain de.
vreemde taal (de)	နိုင်ငံခြားဘာသာစကား	nain ngan gja: ba dha za ga:
leren (bijv. van buiten ~)	သင်ယူလေ့လာသည်	thin ju lei. la de
studeren (Nederlands ~)	သင်ယူသည်	thin ju de

lezen (ww)	ဖတ်သည်	hpa' te
spreken (ww)	ပြောသည်	pjo: de
begrijpen (ww)	နားလည်သည်	na: le de
schrijven (ww)	ရေးသည်	jei: de

snel (bw)	မြန်မြန်	mjan mjan
langzaam (bw)	ဖြည်းဖြည်း	hpjei: bjei:
vloeiend (bw)	ကျွမ်းကျမ်းကျင်ကျင်	kjwan: gjwan: gjin gjin

regels (mv.)	စည်းမျဉ်းစည်းကမ်း	si: mjin: si: kan:
grammatica (de)	သဒ္ဒါ	dhada
vocabulaire (het)	ဝေါဟာရ	wo: ha ra.
fonetiek (de)	သဒ္ဒဗေဒ	dhada. bei da.

leerboek (het)	ဖတ်စာအုပ်	hpa' sa au'
woordenboek (het)	အဘိဓာန်	abi. dan
leerboek (het) voor zelfstudie	မိမိဘာသာလေ့လာနိုင်သောစာအုပ်	mi. mi. ba dha lei. la nain dho: za ou'
taalgids (de)	နှစ်ဘာသာစကားပြောစာအုပ်	hni' ba dha zaga: bjo: za ou'

cassette (de)	တိပ်ခွေ	tei' khwei
videocassette (de)	ရုပ်ရှင်တိပ်ခွေ	jou' shin dei' hpwei
CD (de)	စီဒီခွေ	si di gwei
DVD (de)	ဒီဗီဒီခွေ	di bi di gwei

alfabet (het)	အက္ခရာ	e' kha ja
spellen (ww)	စာလုံးပေါင်းသည်	sa loun: baun: de
uitspraak (de)	အသံထွက်	athan dwe'

accent (het)	ဝဲသံ	we: dhan
met een accent (bw)	ဝဲသံနှင့်	we: dhan hnin.
zonder accent (bw)	ဝဲသံမပါဘဲ	we: dhan ma. ba be:
woord (het)	စကားလုံး	zaga: loun:
betekenis (de)	အဓိပ္ပါယ်	adei' be

cursus (de)	သင်တန်း	thin dan:
zich inschrijven (ww)	စာရင်းသွင်းသည်	sajin: dhwin: de
leraar (de)	ဆရာ	hsa ja
vertaling (een ~ maken)	ဘာသာပြန်ခြင်း	ba dha bjan gjin:
vertaling (tekst)	ဘာသာပြန်ထားချက်	ba dha bjan da: gje'
vertaler (de)	ဘာသာပြန်	ba dha bjan
tolk (de)	စကားပြန်	zaga: bjan
polyglot (de)	ဘာသာစကားအများ ပြောနိုင်သူ	ba dha zaga: amja: bjo: nain dhu
geheugen (het)	မှတ်ညဏ်	hma' njan

MAALTIJDEN. RESTAURANT

48. Tafelschikking

lepel (de)	ဇွန်း	zun:
mes (het)	ဓား	da:
vork (de)	ခက်ရင်း	khajin:

kopje (het)	ခွက်	khwe'
bord (het)	ပန်းကန်ပြား	bagan: bja:
schoteltje (het)	အောက်ခံပန်းကန်ပြား	au' khan ban: kan pja:
servet (het)	လက်သုတ်ပုဝါ	le' thou' pu. wa
tandenstoker (de)	သွားကြားထိုးတံ	thwa: kja: dou: dan

49. Restaurant

restaurant (het)	စားသောက်ဆိုင်	sa: thau' hsain
koffiehuis (het)	ကော်ဖီဆိုင်	ko hpi zain
bar (de)	ဘား	ba:
tearoom (de)	လက်ဖက်ရည်ဆိုင်	le' hpe' ji zain

kelner, ober (de)	စားပွဲထိုး	sa: bwe: dou:
serveerster (de)	စားပွဲထိုးမိန်းကလေး	sa: bwe: dou: mein: ga. lei:
barman (de)	အရက်ဘားဝန်ထမ်း	aje' ba: wun dan:

menu (het)	စားသောက်ဖွယ်စာရင်း	sa: thau' hpwe za jin:
wijnkaart (de)	ဝိုင်စာရင်း	wain za jin:
een tafel reserveren	စားပွဲကြိုတင်မှာယူသည်	sa: bwe: gjou din hma ju de

gerecht (het)	ဟင်းပွဲ	hin: bwe:
bestellen (eten ~)	မှာသည်	hma de
een bestelling maken	မှာသည်	hma de

aperitief (de/het)	နတ်ပြိန်ေဆး	hna' mjein zei:
voorgerecht (het)	နတ်ပြိန်စာ	hna' mjein za
dessert (het)	အချိုပွဲ	achou bwe:

rekening (de)	ကျသင့်ငွေ	kja. thin. ngwei
de rekening betalen	ကျန်ကျွေ့ရှင်းသည်	koun gja ngwei shin: de
wisselgeld teruggeven	ပြန်အမ်းသည်	pjan an: de
fooi (de)	မုန့်ဖိုး	moun. bou:

50. Maaltijden

eten (het)	အစားအစာ	asa: asa
eten (ww)	စားသည်	sa: de

ontbijt (het)	နံနက်စာ	nan ne' za
ontbijten (ww)	နံနက်စာစားသည်	nan ne' za za: de
lunch (de)	နေ့လယ်စာ	nei. le za
lunchen (ww)	နေ့လယ်စာစားသည်	nei. le za za de
avondeten (het)	ညစာ	nja. za
souperen (ww)	ညစာစားသည်	nja. za za: de

| eetlust (de) | စားချင်စိတ် | sa: gjin zei' |
| Eet smakelijk! | စားကောင်းပါစေ | sa: gaun: ba zei |

openen (een fles ~)	ဖွင့်သည်	hpwin. de
morsen (koffie, enz.)	ဖိတ်ကျသည်	hpi' kja de
zijn gemorst	မှောက်သည်	hmau' de

koken (water kookt bij 100°C)	ဆူပွက်သည်	hsu. bwe' te
koken (Hoe om water te ~)	ဆူပွက်သည်	hsu. bwe' te
gekookt (~ water)	ဆူပွက်ထားသော	hsu. bwe' hta: de.
afkoelen (koeler maken)	အအေးခံသည်	aei: gan de
afkoelen (koeler worden)	အေးသွားသည်	ei: dhwa: de

| smaak (de) | အရသာ | aja. dha |
| nasmaak (de) | ပအာခြင်း | pa. achin: |

volgen een dieet	ဗိတ်ရှုသည်	wei' cha. de
dieet (het)	ဓာတ်စာ	da' sa
vitamine (de)	ဗီတာမင်	bi ta min
calorie (de)	ကယ်လိုရီ	ke lou ji
vegetariër (de)	သက်သတ်လွတ်စားသူ	the' the' lu' za: dhu
vegetarisch (bn)	သက်သတ်လွတ်စားသော	the' the' lu' za: de.

vetten (mv.)	အဆီ	ahsi
eiwitten (mv.)	အသားဓာတ်	atha: da'
koolhydraten (mv.)	ကစီဓာတ်	ka. zi da'

snede (de)	အချပ်	acha'
stuk (bijv. een ~ taart)	အတုံး	atoun:
kruimel (de)	အစအန	asa an

51. Bereide gerechten

gerecht (het)	ဟင်းပွဲ	hin: bwe:
keuken (bijv. Franse ~)	အစားအသောက်	asa: athau'
recept (het)	ဟင်းချက်နည်း	hin: gji' ne:
portie (de)	တစ်ယောက်စာဟင်းပွဲ	ti' jau' sa hin: bwe:

| salade (de) | အသုပ် | athou' |
| soep (de) | စွပ်ပြုတ် | su' pjou' |

bouillon (de)	ဟင်းရည်	hin: ji
boterham (de)	အသားညှပ်ပေါင်မုန့်	atha: hnja' paun moun.
spiegelei (het)	ကြက်ဥကြော်	kje' u. kjo

| hamburger (de) | ဟန်ဘာဂါ | han ba ga |
| biefstuk (de) | အမဲသားတုံး | ame: dha: doun: |

garnering (de)	အရံဟင်း	ajan hin:
spaghetti (de)	အီတလီခေါက်ဆွဲ	ita. li khau' hswe:
aardappelpuree (de)	အာလူးနွားနို့ဖျော်	a luu: nwa: nou. bjo
pizza (de)	ပီဇာ	pi za
pap (de)	အုပ်ဂျိုးယာဂု	ou' gjoun ja gu.
omelet (de)	ကြက်ဥခေါက်ကြော်	kje' u. khau' kjo

gekookt (in water)	ပြုတ်ထားသော	pjou' hta: de.
gerookt (bn)	ကျိုတင်ထားသော	kja' tin da: de.
gebakken (bn)	ကြော်ထားသော	kjo da de.
gedroogd (bn)	ခြောက်နေသော	chau' nei de.
diepvries (bn)	အေးခဲနေသော	ei: khe: nei de.
gemarineerd (bn)	သားရည်စိမ်ထားသော	hsa:

zoet (bn)	ချိုသော	chou de.
gezouten (bn)	ငန်သော	ngan de.
koud (bn)	အေးသော	ei: de.
heet (bn)	ပူသော	pu dho:
bitter (bn)	ခါးသော	kha: de.
lekker (bn)	အရသာရှိသော	aja. dha shi. de.

koken (in kokend water)	ပြုတ်သည်	pjou' te
bereiden (avondmaaltijd ~)	ချက်သည်	che' de
bakken (ww)	ကြော်သည်	kjo de
opwarmen (ww)	အပူပေးသည်	apu bei: de

zouten (ww)	ဆားထည့်သည်	hsa: hte. de
peperen (ww)	အစပ်ထည့်သည်	asin hte. dhe
raspen (ww)	ခြစ်သည်	chi' te
schil (de)	အခွံ	akhun
schillen (ww)	အခွံနွာသည်	akhun hnwa de

52. Voedsel

vlees (het)	အသား	atha:
kip (de)	ကြက်သား	kje' tha:
kuiken (het)	ကြက်ကလေး	kje' ka. lei:
eend (de)	ဘဲသား	be: dha:
gans (de)	ဘဲငန်းသား	be: ngan: dha:
wild (het)	တောကောင်သား	to: gaun dha:
kalkoen (de)	ကြက်ဆင်သား	kje' hsin dha:

varkensvlees (het)	ဝက်သား	we' tha:
kalfsvlees (het)	နွားကလေးသား	nwa: ga. lei: dha:
schapenvlees (het)	သိုးသား	thou: tha:
rundvlees (het)	အမဲသား	ame: dha:
konijnenvlees (het)	ယုန်သား	joun dha:

worst (de)	ဝက်အူချောင်း	we' u gjaun:
saucijs (de)	အသားချောင်း	atha: gjaun:
spek (het)	ဝက်ဆားနယ်ခြောက်	we' has: ne gjau'
ham (de)	ဝက်ပေါင်ခြောက်	we' paun gjau'
gerookte achterham (de)	ဝက်ပေါင်ကြက်တိုက်	we' paun gje' tai'
paté (de)	အနစ်အခဲပျော့	ahni' akhe pjo.

lever (de)	အသည်း	athe:
gehakt (het)	ကြိတ်သား	kjei' tha:
tong (de)	လျာ	sha

ei (het)	ဥ	u.
eieren (mv.)	ဥများ	u. mja:
eiwit (het)	အကာ	aka
eigeel (het)	အနှစ်	ahni'

vis (de)	ငါး	nga:
zeevruchten (mv.)	ပင်လယ်အစားအစာ	pin le asa: asa
schaaldieren (mv.)	အခွံမာရေနေသတ္တဝါ	akhun ma jei nei dha' ta. wa
kaviaar (de)	ငါးဥ	nga: u.

krab (de)	ကကန်း	kanan:
garnaal (de)	ပုစွန်	bazun
oester (de)	ကမာကောင်	kama kaun
langoest (de)	ကျောက်ပုစွန်	kjau' pu. zun
octopus (de)	ရေဘဝဲသား	jei ba. we: dha:
inktvis (de)	ပြည်ကြီးငါး	pjei gji: nga:

steur (de)	စတာဂျင်ငါး	sata gjin nga:
zalm (de)	ဆော်လမွန်ငါး	hso: la. mun nga:
heilbot (de)	ပင်လယ်ငါးကြီးသား	pin le nga: gji: dha:

kabeljauw (de)	ငါးကြီးဆီထုတ်သောငါး	nga: gji: zi dou' de. nga:
makreel (de)	မက်ကရယ်ငါး	me' ka. je nga:
tonijn (de)	တူနာငါး	tu na nga:
paling (de)	ငါးရှဉ့်	nga: shin.

forel (de)	ထရောက်ငါး	hta. jau' nga:
sardine (de)	ငါးသေတ္တာငါး	nga: dhei ta' nga:
snoek (de)	ပိုက်ငါး	pai' nga
haring (de)	ငါးသလောက်	nga: dha. lau'

brood (het)	ပေါင်မုန့်	paun moun.
kaas (de)	ဒိန်ခဲ	dain ge:
suiker (de)	သကြား	dhagja:
zout (het)	ဆား	hsa:

rijst (de)	ဆန်စပါး	hsan zaba
pasta (de)	အီတလီခေါက်ဆွဲ	ita. li khau' hswe:
noedels (mv.)	ခေါက်ဆွဲ	gau' hswe:

boter (de)	ထောပတ်	hto: ba'
plantaardige olie (de)	ဆီ	hsi
zonnebloemolie (de)	နေကြာပန်းဆီ	nei gja ban: zi
margarine (de)	ဟင်းရွက်အဆီခဲ	hin: jwe' ahsi khe:

olijven (mv.)	သံလွင်သီး	than lun dhi:
olijfolie (de)	သံလွင်ဆီ	than lun zi

melk (de)	နွားနို့	nwa: nou.
gecondenseerde melk (de)	နို့ဆီ	ni. zi
yoghurt (de)	ဒိန်ချဉ်	dain gjin
zure room (de)	နို့ချဉ်	nou. gjin

room (de)	မလှိုင်	ma. lain
mayonaise (de)	ဆပ်ပျစ်ပျစ်စားမြိန်ရည်	kha' pji' pji' sa: mjein jei
crème (de)	ထောပတ်မလှိုင်	hto: ba' ma. lein

graan (het)	နံစားရေ့	nhnan za: zei.
meel (het), bloem (de)	ဂျုံမှုန့်	gjoun hmoun.
conserven (mv.)	စည်သွပ်ဗူးများ	si dhwa' bu: mja:

maïsvlokken (mv.)	ပြောင်းဖူးမှုန့်.ဆန်း	pjaun: bu: moun. zan:
honing (de)	ပျားရည်	pja: je
jam (de)	ယို	jou
kauwgom (de)	ပီကေ	pi gei

53. Drankjes

water (het)	ရေ	jei
drinkwater (het)	သောက်ရေ	thau' jei
mineraalwater (het)	ဓာတ်ဆားရည်	da' hsa: ji

zonder gas	ဂက်စ်မပါသော	ga' s ma. ba de.
koolzuurhoudend (bn)	ဂက်စ်ပါသော	ga' s ba de.
bruisend (bn)	ပွက်လင်	saba ga. lin
ijs (het)	ရေခဲ	jei ge:
met ijs	ရေခဲနှင့်	jei ge: hnin.

alcohol vrij (bn)	အယ်ကိုဟောမပါသော	e kou ho: ma. ba de.
alcohol vrije drank (de)	အယ်ကိုဟောမှုဟုတ်သော သောက်စရာ	e kou ho: ma. hou' te. dhau' sa. ja
frisdrank (de)	အအေး	aei:
limonade (de)	လီမွန်ဖျော်ရည်	li mun hpjo ji

alcoholische dranken (mv.)	အယ်ကိုဟောပါဝင်သော သောက်စရာ	e kou ho: ba win de. dhau' sa. ja
wijn (de)	ဝိုင်	wain
witte wijn (de)	ဝိုင်ဖြူ	wain gju
rode wijn (de)	ဝိုင်နီ	wain ni

likeur (de)	အရက်ချိုပြင်း	aje' gjou pjin
champagne (de)	ရှန်ပိန်	shan pein
vermout (de)	ရှန်သင်းသောဆေးပိမ်ဝိုင်	jan dhin: dho: zei: zein wain

whisky (de)	ဝိစကီ	wi sa. gi
wodka (de)	ဗော်ကာ	bo ga
gin (de)	ဂျင်	gjin
cognac (de)	ကော့ညက်	ko. nja'
rum (de)	ရမ်	ran

koffie (de)	ကော်ဖီ	ko hpi
zwarte koffie (de)	ဘလက်ကော်ဖီ	ba. le' ko: phi
koffie (de) met melk	ကော်ဖီနို့ရော	ko hpi ni. jo:
cappuccino (de)	ကပုချီနို	ka. pu chi ni.
oploskoffie (de)	ကော်ဖီမစ်	ko hpi mi'
melk (de)	နွားနို့	nwa: nou.
cocktail (de)	ကော့တေး	ko. dei:

milkshake (de)	မစ်ရှိတ်	mi' shei'
sap (het)	အချိုရည်	achou ji
tomatensap (het)	ခရမ်းချဉ်သီးအချိုရည်	khajan: chan dhi: achou jei
sinaasappelsap (het)	လိမ္မော်ရည်	limmo ji
vers geperst sap (het)	အသစ်ဖျော်ရည်	athi: hpjo je

bier (het)	ဘီယာ	bi ja
licht bier (het)	အရောင်ဖျော့သောဘီယာ	ajaun bjau. de. bi ja
donker bier (het)	အရောင်ရင့်သောဘီယာ	ajaun jin. de. bi ja

thee (de)	လက်ဖက်ရည်	le' hpe' ji
zwarte thee (de)	လက်ဖက်နက်	le' hpe' ne'
groene thee (de)	လက်ဖက်စိမ်း	le' hpe' sein:

54. Groenten

| groenten (mv.) | ဟင်းသီးဟင်းရွက် | hin: dhi: hin: jwe' |
| verse kruiden (mv.) | ဟင်းခတ်အမွှေးရွက် | hin: ga' ahmwei: jwe' |

tomaat (de)	ခရမ်းချဉ်သီး	khajan: chan dhi:
augurk (de)	သခွားသီး	thakhwa: dhi:
wortel (de)	မုန်လာဥနီ	moun la u. ni
aardappel (de)	အာလူး	a lu:
ui (de)	ကြက်သွန်နီ	kje' thwan ni
knoflook (de)	ကြက်သွန်ဖြူ	kje' thwan bju

kool (de)	ဂေါ်ဖီ	go bi
bloemkool (de)	ပန်းဂေါ်ဖီ	pan: gozi
spruitkool (de)	ဂေါ်ဖီထုပ်အသေးစား	go bi dou' athei: za:
broccoli (de)	ပန်းဂေါ်ဖီအစိမ်း	pan: gozi asein:

rode biet (de)	မုန်လာဥနီလုံး	moun la u. ni loun:
aubergine (de)	ခရမ်းသီး	khajan: dhi:
courgette (de)	ဘူးသီး	bu: dhi:
pompoen (de)	ဖရုံသီး	hpa joun dhi:
raap (de)	တရုတ်မုန်လာဥ	tajou' moun la u.

peterselie (de)	တရုတ်နံနံပင်	tajou' nan nan bin
dille (de)	စမြိတ်ပင်	samjei' pin
sla (de)	ဆလပ်ရွက်	hsa. la' jwe'
selderij (de)	တရုတ်နံနံကြီး	tajou' nan nan gji:

| asperge (de) | ကညွတ်မာပင် | ka. nju' ma bin |
| spinazie (de) | ဒေါက်ခွ | dau' khwa. |

| erwt (de) | ပဲစေ့ | pe: zei. |
| bonen (mv.) | ပဲအမျိုးမျိုး | pe: amjou: mjou: |

| maïs (de) | ပြောင်းဖူး | pjaun: bu: |
| nierboon (de) | ပိုလဲစားပဲ | bou za: be: |

peper (de)	ငရုတ်သီး	nga jou' thi:
radijs (de)	မုန်လာဥသေး	moun la u. dhei:
artisjok (de)	အာတီချော	a ti cho.

55. Vruchten. Noten

vrucht (de)	အသီး	athi:
appel (de)	ပန်းသီး	pan: dhi:
peer (de)	သစ်တော်သီး	thi' to dhi:
citroen (de)	သံပုယိုသီး	than bu. jou dhi:
sinaasappel (de)	လိမ္မော်သီး	limmo dhi:
aardbei (de)	စတော်ဘယ်ရီသီး	sato be ri dhi:
mandarijn (de)	ပျားလိမ္မော်သီး	pja: lein mo dhi:
pruim (de)	ဆီးသီး	hsi: dhi:
perzik (de)	မက်မွန်သီး	me' mwan dhi:
abrikoos (de)	တရုတ်ဆီးသီး	jau' hsi: dhi:
framboos (de)	ရတ်စဘယ်ရီ	re' sa be ji
ananas (de)	နာနတ်သီး	na na' dhi:
banaan (de)	ငှက်ပျောသီး	hnge' pjo: dhi:
watermeloen (de)	ဖရဲသီး	hpa. je: dhi:
druif (de)	စပျစ်သီး	zabji' thi:
kers (de)	ချယ်ရီသီး	che ji dhi:
zure kers (de)	ချယ်ရီချဉ်သီး	che ji gjin dhi:
zoete kers (de)	ချယ်ရီချိုသီး	che ji gjou dhi:
meloen (de)	သခွားမွေးသီး	thakhwa: hmwei: dhi:
grapefruit (de)	ဂရိတ်ဖရုသီး	ga. ri' hpa. ju dhi:
avocado (de)	ထောပတ်သီး	hto: ba' thi:
papaja (de)	သင်္ဘောသီး	thin: bo: dhi:
mango (de)	သရက်သီး	thaje' thi:
granaatappel (de)	တလည်းသီး	tale: dhi:
rode bes (de)	အနီရောင်ဘယ်ရီသီး	ani jaun be ji dhi:
zwarte bes (de)	ဘလက်ကားရန့်	ba. le' ka: jan.
kruisbes (de)	ကလားဆီးဖြူ	ka. la: his: hpju
blauwe bosbes (de)	ဘီဘယ်ရီအသီး	bi: be ji athi:
braambes (de)	ရှမ်းဆီးသီး	shan: zi: di:
rozijn (de)	စပျစ်သီးခြောက်	zabji' thi: gjau'
vijg (de)	သဖန်းသီး	thahpjan: dhi:
dadel (de)	စွန်ပလွံသီး	sun palun dhi:
pinda (de)	မြေပဲ	mjei be:
amandel (de)	ဗာဒံသီး	ba dan di:
walnoot (de)	သစ်ကြားသီး	thi' kja: dhi:
hazelnoot (de)	ဟေဇယ်သီး	ho: ze dhi:
kokosnoot (de)	အုန်းသီး	aun: dhi:
pistaches (mv.)	ခွမာသီး	khwan ma dhi:

56. Brood. Snoep

suikerbakkerij (de)	မုန့်ဆှ	moun. gjou
brood (het)	ပေါင်မုန့်	paun moun.
koekje (het)	ဘီစကစ်	bi za. ki'
chocolade (de)	ချောကလက်	cho: ka. le'

chocolade- (abn)	ချောကလက်အရသာရှိသော	cho: ka. le' aja. dha shi. de.
snoepje (het)	သကြားလုံး	dhagja: loun:
cakeje (het)	ကိတ်	kei'
taart (bijv. verjaardags~)	ကိတ်မုန့်	kei' moun.

| pastei (de) | ပိုင်မုန့် | pain hmoun. |
| vulling (de) | သွပ်ထားသောအစာ | thu' hta: dho: asa |

confituur (de)	ယို	jou
marmelade (de)	အထူးပြုလုပ်ထားသော ယို	a htu: bju. lou' hta: de. jou
wafel (de)	ဝေဖာ	wei hpa
ijsje (het)	ရေခဲမုန့်	jei ge: moun.
pudding (de)	ပူတင်း	pu tin:

57. Kruiden

zout (het)	ဆား	hsa:
gezouten (bn)	ငန်သော	ngan de.
zouten (ww)	ဆားထည့်သည်	hsa: hte. de

zwarte peper (de)	ငရုတ်ကောင်း	nga jou' kaun:
rode peper (de)	ငရုတ်သီး	nga jou' thi:
mosterd (de)	မုန်ညင်း	moun njin:
mierikswortel (de)	သဘောဒန်သလွန်	thin: bo: dan. dha lun

condiment (het)	ဟင်းခတ်အမှုန့်အမျိုးမျိုး	hin: ga' ahnun. amjou: mjou:
specerij, kruiderij (de)	ဟင်းခတ်အမွှေးအကြိုင်	hin: ga' ahmwei: akjain
saus (de)	ဆော့	hso.
azijn (de)	ရှာလကာရည်	sha la. ga je

anijs (de)	စမုန်စပါးပင်	samoun zaba: bin
basilicum (de)	ပင်စိမ်း	pin zein:
kruidnagel (de)	လေးညှင်း	lei: hnjin:
gember (de)	ဂျင်း	gjin:
koriander (de)	နံနံပင်	nan nan bin
kaneel (de/het)	သစ်ကြံပိုးခေါက်	thi' kjan bou: gau'

sesamzaad (het)	နှမ်း	hnan:
laurierblad (het)	ကရဝေးရွက်	ka ja wei: jwe'
paprika (de)	ပန်းငရုတ်မှုန့်	pan: nga. jou' hnoun.
komijn (de)	ကရဝေး	ka. ja. wei:
saffraan (de)	ကုံကုမံ	koun kou man

PERSOONLIJKE INFORMATIE. FAMILIE

58. Persoonlijke informatie. Formulieren

naam (de)	အမည်	amji
achternaam (de)	မိသားစုအမည်	mi. dha: zu. amji
geboortedatum (de)	မွေးနေ့	mwei: nei,
geboorteplaats (de)	မွေးရပ်	mwer: ja'
nationaliteit (de)	လူမျိုး	lu mjou:
woonplaats (de)	နေရပ်ဒေသ	nei ja' da. dha.
land (het)	နိုင်ငံ	nain ngan
beroep (het)	အလုပ်အကိုင်	alou' akain
geslacht	လိင်	lin
(ov. het vrouwelijk ~)		
lengte (de)	အရပ်	aja'
gewicht (het)	ကိုယ်အလေးချိန်	kou alei: chain

59. Familieleden. Verwanten

moeder (de)	အမေ	amei
vader (de)	အဖေ	ahpei
zoon (de)	သား	tha;
dochter (de)	သမီး	thami:
jongste dochter (de)	သမီးအငယ်	thami: ange
jongste zoon (de)	သားအငယ်	tha: ange
oudste dochter (de)	သမီးအကြီး	thami: akji:
oudste zoon (de)	သားအကြီး	tha: akji:
broer (de)	ညီအစ်ကို	nji a' kou
oudere broer (de)	အစ်ကို	akou
jongere broer (de)	ညီ	nji
zuster (de)	ညီအစ်မ	nji a' ma
oudere zuster (de)	အစ်မ	ama.
jongere zuster (de)	ညီမ	nji ma.
neef (zoon van oom, tante)	ဝမ်းကွဲအစ်ကို	wan: kwe: i' kou
nicht (dochter van oom, tante)	ဝမ်းကွဲညီမ	wan: kwe: nji ma.
mama (de)	မေမေ	mei mei
papa (de)	ဖေဖေ	hpei hpei
ouders (mv.)	မိဘဆွေ	mi. ba. dwei
kind (het)	ကလေး	kalei:
kinderen (mv.)	ကလေးများ	kalei: mja:
oma (de)	အဘွား	ahpwa

61

opa (de)	အဘိုး	ahpou:
kleinzoon (de)	မြေး	mjei:
kleindochter (de)	မြေးမ	mjei: ma.
kleinkinderen (mv.)	မြေးများ	mjei: mja:

oom (de)	ဦးလေး	u: lei:
tante (de)	အဒေါ်	ado
neef (zoon van broer, zus)	တူ	tu
nicht (dochter van broer, zus)	တူမ	tu ma.

schoonmoeder (de)	ယောက္ခမ	jau' khama.
schoonvader (de)	ယောက္ခထီး	jau' khadi:
schoonzoon (de)	သားမက်	tha: me'
stiefmoeder (de)	မိထွေး	mi. dwei:
stiefvader (de)	ပထွေး	pahtwei:

zuigeling (de)	နို့စို့ကလေး	nou. zou. galei:
wiegenkind (het)	ကလေးငယ်	kalei: nge
kleuter (de)	ကလေး	kalei:

vrouw (de)	မိန်းမ	mein: ma.
man (de)	ယောက်ျား	jau' kja:
echtgenoot (de)	ခင်ပွန်း	khin bun:
echtgenote (de)	ဇနီး	zani:

gehuwd (mann.)	မိန်းမရှိသော	mein: ma. shi. de.
gehuwd (vrouw.)	ယောက်ျားရှိသော	jau' kja: shi de
ongehuwd (mann.)	လူလွတ်ဖြစ်သော	lu lu' hpji te.
vrijgezel (de)	လူပျို	lu bjou
gescheiden (bn)	တစ်ခုလပ်ဖြစ်သော	ti' khu. la' hpji' te.
weduwe (de)	မုဆိုးမ	mu. zou: ma.
weduwnaar (de)	မုဆိုးဖို	mu. zou: bou

familielid (het)	ဆွေမျိုး	hswe mjou:
dichte familielid (het)	ဆွေမျိုးရင်းချာ	hswe mjou: jin: gja
verre familielid (het)	ဆွေမျိုးနီးစပ်	hswe mjou: ni: za'
familieleden (mv.)	မွေးချင်းများ	mwei: chin: mja:

wees (de), weeskind (het)	မိဘမဲ့	mi. ba me.
wees (weesjongen)	မိဘမဲ့ကလေး	mi. ba me. ga lei:
wees (weesmeisje)	မိဘမဲ့ကလေးမ	mi. ba me. ga lei: ma
voogd (de)	အုပ်ထိန်းသူ	ou' htin: dhu
adopteren (een jongen te ~)	သားအဖြစ်မွေးစားသည်	tha: ahpji' mwei: za: de
adopteren (een meisje te ~)	သမီးအဖြစ်မွေးစားသည်	thami: ahpji' mwei: za: de

60. Vrienden. Collega's

vriend (de)	သူငယ်ချင်း	thu nge gjin:
vriendin (de)	မိန်းကလေးသူငယ်ချင်း	mein: galei: dhu nge gjin:
vriendschap (de)	ခင်မင်ရင်းနှီးမှု	khin min jin: ni: hmu.
bevriend zijn (ww)	ခင်မင်သည်	khin min de

| makker (de) | အပေါင်းအသင်း | apaun: athin: |
| vriendin (de) | အပေါင်းအသင်း | apaun: athin: |

partner (de)	လုပ်ဖော်ကိုင်ဖက်	lou' hpo kain be'
chef (de)	အကြီးအကဲ	akji: ake:
baas (de)	အထက်လူကြီး	a hte' lu gji:
eigenaar (de)	ပိုင်ရှင်	pain shin
ondergeschikte (de)	လက်အောက်ခံအမှုထမ်း	le' au' khan ahmu. htan:
collega (de)	လုပ်ဖော်ကိုင်ဖက်	lou' hpo kain be'
kennis (de)	အကျွမ်းဝင်မှု	akjwan: win hmu.
medereiziger (de)	ခရီးဖော်	khaji: bo
klasgenoot (de)	တစ်တန်းတည်းသား	ti' tan: de: dha:
buurman (de)	အိမ်နီးနားချင်း	ein ni: na: gjin:
buurvrouw (de)	မိန်းကလေးအိမ်နီးနားချင်း	mein: galei: ein: ni: na: gjin:
buren (mv.)	အိမ်နီးနားချင်းများ	ein ni: na: gjin: mja:

MENSELIJK LICHAAM. GENEESKUNDE

61. Hoofd

hoofd (het)	ခေါင်း	gaun:
gezicht (het)	မျက်နှာ	mje' hna
neus (de)	နာခေါင်း	hna gaun:
mond (de)	ပါးစပ်	pa: zi'
oog (het)	မျက်စိ	mje' si.
ogen (mv.)	မျက်စိများ	mje' si. mja:
pupil (de)	သူငယ်အိမ်	thu nge ein
wenkbrauw (de)	မျက်ခုံး	mje' khoun:
wimper (de)	မျက်တောင်	mje' taun
ooglid (het)	မျက်ခွံ	mje' khwan
tong (de)	လျှာ	sha
tand (de)	သွား	thwa:
lippen (mv.)	နှုတ်ခမ်း	hna' khan:
jukbeenderen (mv.)	ပါးရိုး	pa: jou:
tandvlees (het)	သွားဖုံး	thwahpoun:
gehemelte (het)	အာခေါင်	a gaun
neusgaten (mv.)	နာခေါင်းပေါက်	hna gaun: bau'
kin (de)	မေးစေ့	mei: zei.
kaak (de)	မေးရိုး	mei: jou:
wang (de)	ပါး	pa:
voorhoofd (het)	နဖူး	na. hpu:
slaap (de)	နားထင်	na: din
oor (het)	နားရွက်	na: jwe'
achterhoofd (het)	နောက်စေ့	nau' sei.
hals (de)	လည်ပင်း	le bin:
keel (de)	လည်ချောင်း	le gjaun:
haren (mv.)	ဆံပင်	zabin
kapsel (het)	ဆံပင်ပုံစံ	zabin boun zan
haarsnit (de)	ဆံပင်ညှပ်သည့်ပုံစံ	zabin hnja' thi. boun zan
pruik (de)	ဆံပင်တု	zabin du.
snor (de)	နှုတ်ခမ်းမွေး	hnou' khan: hmwei:
baard (de)	မုတ်ဆိတ်မွေး	mou' hsei' hmwei:
dragen (een baard, enz.)	အရှည်ထားသည်	ashei hta: de
vlecht (de)	ကျစ်ဆံမြီး	kji' zan mji:
bakkebaarden (mv.)	ပါးသိုင်းမွေး	pa: dhain: hmwei:
ros (roodachtig, rossig)	ဆံပင်အနီရောင်ရှိသော	zabin ani jaun shi. de
grijs (~ haar)	အရောင်ဖျော့သော	ajaun bjo. de.
kaal (bn)	ထိပ်ပြောင်သော	htei' pjaun de.
kale plek (de)	ဆံပင်ကျွတ်နေသောနေရာ	zabin kju' nei dho nei ja

| paardenstaart (de) | မြင်းမြီးပုံစံဆံပင် | mjin: mji: boun zan zan bin |
| pony (de) | ဆံရစ် | hsaji' |

62. Menselijk lichaam

| hand (de) | လက် | le' |
| arm (de) | လက်မောင်း | le' maun: |

vinger (de)	လက်ချောင်း	le' chaun:
teen (de)	ခြေချောင်း	chei gjaun:
duim (de)	လက်မ	le' ma
pink (de)	လက်သန်း	le' than:
nagel (de)	လက်သည်းခွံ	le' the: dou' tan zin:

vuist (de)	လက်သီး	le' thi:
handpalm (de)	လက်ဝါး	le' wa:
pols (de)	လက်ကောက်ဝတ်	le' kau' wa'
voorarm (de)	လက်ပြ	le' hpjan
elleboog (de)	တံတောင်ဆစ်	daduan zi'
schouder (de)	ပခုံး	pakhoun:

been (rechter ~)	ခြေထောက်	chei htau'
voet (de)	ခြေထောက်	chei htau'
knie (de)	ဒူး	du:
kuit (de)	ခြေသလုံးကြွက်သား	chei dha. loun: gjwe' dha:
heup (de)	တင်ပါး	tin ba:
hiel (de)	ခြေဖနောင့်	chei ba. naun.

lichaam (het)	ခန္ဓာကိုယ်	khan da kou
buik (de)	ဗိုက်	bai'
borst (de)	ရင်ဘတ်	jin ba'
borst (de)	နို့	nou.
zijde (de)	နံပါး	nan ba:
rug (de)	ကျော	kjo:
lage rug (de)	ခါးအောက်ပိုင်း	kha: au' pain:
taille (de)	ခါး	kha:

navel (de)	ချက်	che'
billen (mv.)	တင်ပါး	tin ba:
achterwerk (het)	နောက်ပိုင်း	nau' pain:

huidvlek (de)	မဲ့	hme.
moedervlek (de)	မွေးရာပါအမှတ်	mwei: ja ba ahma'
tatoeage (de)	တက်တူး	te' tu:
litteken (het)	အမာရွတ်	ama ju'

63. Ziekten

ziekte (de)	ရောဂါ	jo: ga
ziek zijn (ww)	ဖျားနာသည်	hpa: na de
gezondheid (de)	ကျန်းမာရေး	kjan: ma jei:
snotneus (de)	နာစေးခြင်း	hna zei: gjin:

angina (de)	အာသီးရောင်ခြင်း	a sha. jaun gjin:
verkoudheid (de)	အအေးမိခြင်း	aei: mi. gjin:
verkouden raken (ww)	အအေးမိသည်	aei: mi. de
bronchitis (de)	ရောင်းဆိုးရင်ကျပ်နာ	gaun: ou: jin gja' na
longontsteking (de)	အဆုတ်ရောင်ရောဂါ	ahsou' jaun jo: ga
griep (de)	တုပ်ကွေး	tou' kwei:
bijziend (bn)	အဝေးမှုန်သော	awei: hmun de.
verziend (bn)	အနီးမှုန်	ani: hmoun
scheelheid (de)	မျက်စိစွေ့ခြင်း	mje' zi. zwei gjin:
scheel (bn)	မျက်စိစွေ့သော	mje' zi. zwei de.
grauwe staar (de)	နာမကျန်းဖြစ်ခြင်း	na. ma. gjan: bji' chin:
glaucoom (het)	ရေတိမ်	jei dein
beroerte (de)	လေသင်တုန်းဖြတ်ခြင်း	lei dhin doun: bja' chin:
hartinfarct (het)	နှလုံးဖောက်ပြန်မှု	hnaloun: bau' bjan hmu.
myocardiaal infarct (het)	နှလုံးကြွက်သားပုပ်ခြင်း	hnaloun: gjwe' tha: bou' chin:
verlamming (de)	သွက်ရှာပါဒ	thwe' cha ba da.
verlammen (ww)	ဆိုင်းတွသွားသည်	hsain: dwa dhwa: de
allergie (de)	မတည့်ခြင်း	ma. de. gjin:
astma (de/het)	ပန်းနာ	pan: na
diabetes (de)	ဆီးချိုရောဂါ	hsi: gjou jau ba
tandpijn (de)	သွားကိုက်ခြင်း	thwa: kai' chin:
tandbederf (het)	သွားပိုးစားခြင်း	thwa: pou: za: gjin:
diarree (de)	ဝမ်းလျှောခြင်း	wan: sho: gjin:
constipatie (de)	ဝမ်းချုပ်ခြင်း	wan: gjou' chin:
maagstoornis (de)	ဗိုက်နာခြင်း	bai' na gjin:
voedselvergiftiging (de)	အစာအဆိပ်သင့်ခြင်း	asa: ahsei' thin. gjin:
voedselvergiftiging oplopen	အစားမှားခြင်း	asa: hma: gjin:
artritis (de)	အဆစ်ရောင်နာ	ahsi' jaun na
rachitis (de)	အရိုးပျော့နာ	ajou: bjau. na
reuma (het)	ဒူလာ	du la
arteriosclerose (de)	နှလုံးသွေးကြောအဆိပ်တိခြင်း	hna. loun: twei: kjau ahsi pei' khin:
gastritis (de)	အစာအိမ်ရောင်ရမ်းနာ	asa: ein jaun jan: na
blindedarmontsteking (de)	အူအတက်ရောင်ခြင်း	au hte' jaun gjin:
galblaasontsteking (de)	သည်းခြေပြွန်ရောင်ခြင်း	thi: gjei bjun jaun gjin:
zweer (de)	ဗက်ခွက်နာ	hpe' khwe' na
mazelen (mv.)	ဝက်သက်	we' the'
rodehond (de)	ဂျူက်သိုး	gjou' thou:
geelzucht (de)	အသားဝါရောဂါ	atha: wa jo: ga
leverontsteking (de)	အသည်းရောင်ရောဂါ	athe: jaun jau ba
schizofrenie (de)	စိတ်ကစဉ်ကလျားရောဂါ	sei' ga. zin. ga. lja: jo: ga
dolheid (de)	ရှေ့ရှုပြန်ရောဂါ	khwei: ju: bjan jo: ba
neurose (de)	စိတ်မှုမမှန်ခြင်း	sei' mu ma. hman gjin:
hersenschudding (de)	ဦးနှောက်ထိခိုက်ခြင်း	oun: hnau' hti. gai' chin:
kanker (de)	ကင်ဆာ	kin hsa
sclerose (de)	အသားမျှင်ဝက် မာသွားခြင်း	atha: hmjin kha' ma dwa: gjin:

multiple sclerose (de)	အာရုံကြောပျက်စီး ရောင်ရမ်းသည့်ရောဂါ	a joun gjo: bje' si: jaun jan: dhi. jo: ga
alcoholisme (het)	အရက်နာစွဲခြင်း	aje' na zwe: gjin:
alcoholicus (de)	အရက်သမား	aje' dha. ma:
syfilis (de)	ဆစ်ဖလစ်ကာလသားရောဂါ	his' hpa. li' ka la. dha: jo: ba
AIDS (de)	ကိုယ်ခံအားကျကူးစက်ရောဂါ	kou khan a: kja ku: za' jau ba

tumor (de)	အသားပို	atha: pou
kwaadaardig (bn)	ကင်ဆာဖြစ်စေသော	kin hsa bji' nei de.
goedaardig (bn)	ပြန့်ပွားခြင်းမရှိသော	pjan. bwa: gjin: ma. shi. de.

koorts (de)	အဖျားတက်ရောဂါ	ahpja: de' jo: ga
malaria (de)	ငှက်ဖျားရောဂါ	hnge' hpja: jo: ba
gangreen (het)	ဂန်ဂရီနာရောဂါ	gan ga. ji na jo: ba
zeeziekte (de)	လှိုင်းမူးခြင်း	hlain: mu: gjin:
epilepsie (de)	ဝက်ရူးပြန့်ရောဂါ	we' ju: bjan jo: ga

epidemie (de)	ကပ်ရောဂါ	ka' jo ba
tyfus (de)	တိုက်ဖွိုက်ရောဂါ	tai' hpai' jo: ba
tuberculose (de)	တီဘီရောဂါ	ti bi jo: ba
cholera (de)	ကာလဝမ်းရောဂါ	ka la. wan: jau ga
pest (de)	ကပ်ဆိုး	ka' hsou:

64. Symptomen. Behandelingen. Deel 1

symptoom (het)	လက္ခဏာ	le' khana
temperatuur (de)	အပူချိန်	apu gjein
verhoogde temperatuur (de)	ကိုယ်အပူချိန်တက်	kou apu chain de'
polsslag (de)	သွေးခုန်နှုန်း	thwei: khoun hnan:

duizeling (de)	မူးနောက်ခြင်း	mu: nau' chin:
heet (erg warm)	ပူသော	pu dho:
koude rillingen (mv.)	တုန်ခြင်း	toun gjin:
bleek (bn)	ဖြူရော်သော	hpju jo de.

hoest (de)	ချောင်းဆိုးခြင်း	gaun: zou: gjin:
hoesten (ww)	ချောင်းဆိုးသည်	gaun: zou: de
niezen (ww)	နှာချေသည်	hna gjei de
flauwte (de)	အားနည်းခြင်း	a: ne: gjin:
flauwvallen (ww)	သတိလစ်သည်	dhadi. li' te

blauwe plek (de)	ပွန်းပဲ့ဒဏ်ရာ	pun: be. dan ja
buil (de)	ဖောင်ပွိုင်းခြင်း	hsaun. mi. gjin:
zich stoten (ww)	ဖောင့်မိသည်	hsaun. mi. de.
kneuzing (de)	ပွန်းပဲ့ဒဏ်ရာ	pun: be. dan ja
kneuzen (gekneusd zijn)	ပွန်းပဲ့ဒဏ်ရာရသည်	pun: be. dan ja ja. de

hinken (ww)	ထော့နဲ့ထော့နဲ့လျှောက်သည်	hto. ne. hto. ne. shau' te
verstuiking (de)	အဆစ်လွဲခြင်း	ahsi' lwe: gjin:
verstuiken (enkel, enz.)	အဆစ်လွဲသည်	ahsi' lwe: de
breuk (de)	ကျိုးအက်ခြင်း	kjou: e' chin:
een breuk oplopen	ကျိုးအက်သည်	kjou: e' te
snijwond (de)	ရှသည်	sha. de
zich snijden (ww)	ရှမိသည်	sha. mi. de

bloeding (de)	သွေးထွက်ခြင်း	thwei: htwe' chin:
brandwond (de)	မီးလောင်သည့်ဒဏ်ရာ	mi: laun de. dan ja
zich branden (ww)	မီးလောင်ဒဏ်ရာရသည်	mi: laun dan ja ja. de

prikken (ww)	ဖောက်သည်	hpau' te
zich prikken (ww)	ကိုယ်တိုင်ဖောက်သည်	kou tain hpau' te
blesseren (ww)	ထိခိုက်ဒဏ်ရာရရသည်	hti. gai' dan ja ja. de
blessure (letsel)	ထိခိုက်ဒဏ်ရာ	hti. gai' dan ja
wond (de)	ဒဏ်ရာ	dan ja
trauma (het)	စိတ်ဒဏ်ရာ	sei' dan ja

ijlen (ww)	ကယောင်ကတမ်းဖြစ်သည်	kajaun ka dan: bi' te
stotteren (ww)	တုံ့နေးတုံ့ နေးဖြစ်သည်	toun. hnei: toun. hnei: bji' te
zonnesteek (de)	အပူလျပ်ခြင်း	apu hlja' chin

65. Symptomen. Behandelingen. Deel 2

| pijn (de) | နာကျင်မှု | na gjin hmu. |
| splinter (de) | ပိုထွက်သောအစ | pe. dwe' tho: asa. |

zweet (het)	ချွေး	chwei:
zweten (ww)	ချွေးထွက်သည်	chwei: htwe' te
braking (de)	အန်ခြင်း	an gjin:
stuiptrekkingen (mv.)	အကြောလိုက်ခြင်း	akjo: lai' chin:

zwanger (bn)	ကိုယ်ဝန်ဆောင်ထားသော	kou wun hsaun da: de.
geboren worden (ww)	မွေးဖွားသည်	mwei: bwa: de
geboorte (de)	မီးဖွားခြင်း	mi: bwa: gjin:
baren (ww)	မီးဖွားသည်	mi: bwa: de
abortus (de)	ကိုယ်ဝန်ဖျက်ချခြင်း	kou wun hpje' cha chin:

ademhaling (de)	အသက်ရှုခြင်း	athe' shu gjin:
inademing (de)	ဝင်လေ	win lei
uitademing (de)	ထွက်လေ	htwe' lei
uitademen (ww)	အသက်ရှုထုတ်သည်	athe' shu dou' te
inademen (ww)	အသက်ရှုသွင်းသည်	athe' shu dhwin: de

invalide (de)	ကိုယ်အင်္ဂါမသန်စွမ်းသူ	kou an ga ma. dhan swan: dhu
gehandicapte (de)	မသန်မစွမ်းသူ	ma. dhan ma. zwan dhu
drugsverslaafde (de)	ဆေးစွဲသူ	hsei: zwe: dhu

doof (bn)	နားမကြားသော	na: ma. gja: de.
stom (bn)	ဆွံ့အသော	hsun. ade.
doofstom (bn)	ဆွံ့အ နားမကြားသူ	hsun. ana: ma. gja: dhu

krankzinnig (bn)	စိတ်မနှံ့သော	sei' ma. hnan. de.
krankzinnige (man)	စိတ်မနှံ့သူ	sei' ma. hnan. dhu
krankzinnige (vrouw)	စိတ်ဝေဒနာရှင်မိန်းကလေး	sei' wei da. na shin mein: ga. lei:
krankzinnig worden	ရူးသွပ်သည်	ju: dhu' de

| gen (het) | မျိုးရိုးဗီဇ | mjou: jou: bi za. |
| immuniteit (de) | ကိုယ်ခံအား | kou gan a: |

erfelijk (bn)	မျိုးရိုးလိုက်သော	mjou: jou: lou' te.
aangeboren (bn)	မွေးရာပါဖြစ်သော	mwei: ja ba bji' te.

virus (het)	ဗိုင်းရပ်ပိုးများ	bain: ja' pou: hmwa:
microbe (de)	အဏုဇီဝရုပ်	anu zi wa. jou'
bacterie (de)	ဘက်တီးရီးယားပိုး	be' ti: ji: ja: bou:
infectie (de)	ရောဂါကူးစက်မှု	jo ga gu: ze' hmu.

66. Symptomen. Behandelingen. Deel 3

ziekenhuis (het)	ဆေးရုံ	hsei: joun
patiënt (de)	လူနာ	lu na
diagnose (de)	ရောဂါစစ်ဆေးခြင်း	jo ga zi' hsei: gjin:
genezing (de)	ဆေးကုထုံး	hsei: ku. doun:
medische behandeling (de)	ဆေးဝါးကုသမှု	hsei: wa: gu. dha. hmu.
onder behandeling zijn	ဆေးကုသမှုခံယူသည်	hsei: ku. dha. hmu. dha de
behandelen (ww)	ပြုစုသည်	pju. zu. de
zorgen (zieken ~)	ပြုစုစောင့်ရှောက်သည်	pju. zu. zaun. shau' te
ziekenzorg (de)	ပြုစုစောင့်ရှောက်ခြင်း	pju. zu. zaun. shau' chin:
operatie (de)	ခွဲစိတ်ကုသခြင်း	khwe: zei' ku. dha. hin:
verbinden (een arm ~)	ပတ်တီးစည်းခြင်း	pa' ti' ze: de
verband (het)	ပတ်တီးစည်းခြင်း	pa' ti' ze: gjin:
vaccin (het)	ကာကွယ်ဆေးထိုးခြင်း	ka gwe hsei: dou: gjin:
inenten (vaccineren)	ကာကွယ်ဆေးထိုးသည်	ka gwe hsei: dou: de
injectie (de)	ဆေးထိုးခြင်း	hsei: dou: gjin:
een injectie geven	ဆေးထိုးသည်	hsei: dou: de
aanval (de)	ရောဂါ ရုတ်တရက်ကျရောက်ခြင်း	jo ga jou' ta. je' kja. jau' chin:
amputatie (de)	ဖြတ်တောက်ကုသခြင်း	hpja' tau' ku. dha gjin:
amputeren (ww)	ဖြတ်တောက်ကုသသည်	hpja' tau' ku. dha de
coma (het)	မေ့မြောခြင်း	mei. mjo: gjin:
in coma liggen	မေ့မြောသည်	mei. mjo: de
intensieve zorg, ICU (de)	အစွမ်းကုန်ပြုစုရခြင်း	aswan: boun bju. zu. bjin:
zich herstellen (ww)	ရောဂါသက်သာလာသည်	jo ga dhe' tha la de
toestand (de)	ကျန်းမာရေးအခြေအနေ	kjan: ma jei: achei a nei
bewustzijn (het)	ပြန်လည်သတိရလာခြင်း	pjan le dhadi. ja. la. gjin:
geheugen (het)	မှတ်ဉာဏ်	hma' njan
trekken (een kies ~)	နုတ်သည်	hna' te
vulling (de)	သွားပေါက်ဖာဆေးမှု	thwa: bau' hpa dei: hmu.
vullen (ww)	ဖာသည်	hpa de
hypnose (de)	အိပ်မွေ့ရှုခြင်း	ei' mwei. gja. gjin:
hypnotiseren (ww)	အိပ်မွေ့ရှုသည်	ei' mwei. gja. de

67. Geneeskunde. Medicijnen. Accessoires

geneesmiddel (het)	ဆေးဝါး	hsei: wa:
middel (het)	ကုသခြင်း	ku. dha. gjin:

voorschrijven (ww)	ဆေးအညွှန်းပေးသည်	hsa: ahnjun: bwe: de
recept (het)	ဆေးညွှန်း	hsei: hnjun:
tablet (de/het)	ဆေးပြား	hsei: bja:
zalf (de)	လိမ်းဆေး	lein: zei:
ampul (de)	လေလုံဖန်ပုလင်းငယ်	lei loun ban bu. lin: nge
drank (de)	စပ်ဆေးရည်	sa' ei: je
siroop (de)	ဖျော်ရည်ဆီ	hpjo jei zi
pil (de)	ဆေးတောင့်	hsei: daun.
poeder (de/het)	အမှုန့်	ahmoun.
verband (het)	ပတ်တီး	pa' ti:
watten (mv.)	ဂွမ်းလိပ်	gwan: lei'
jodium (het)	တင်ဂျာအိုင်ဒင်း	tin gja ein din:
pleister (de)	ပလာစတာ	pa. la sata
pipet (de)	မျက်စဉ်းစတ်ကိရိယာ	mje' zin: ba' ki. ji. ja
thermometer (de)	အပူချိန်တိုင်းကိရိယာ	apu gjein dain: gi. ji. ja
spuit (de)	ဆေးထိုးပြွတ်	hsei: dou: bju'
rolstoel (de)	ဘီးတပ်ကုလားထိုင်	bi: da' ku. la: dain
krukken (mv.)	ချိုင်းထောက်	chain: dau'
pijnstiller (de)	အကိုက်အခဲပျောက်ဆေး	akai' akhe: pjau' hsei:
laxeermiddel (het)	ဝမ်းနုတ်ဆေး	wan: hnou' hsei:
spiritus (de)	အရက်ပျံ	aje' pjan
medicinale kruiden (mv.)	ဆေးဖက်ဝင်အပင်များ	hsei: hpa' win apin mja:
kruiden- (abn)	ဆေးဖက်ဝင်အပင်	hsei: hpa' win apin
	နှင့်ဆိုင်သော	hnin. zain de.

APPARTEMENT

68. Appartement

appartement (het)	တိုက်ခန်း	tai' khan:
kamer (de)	အခန်း	akhan:
slaapkamer (de)	အိပ်ခန်း	ei' khan:
eetkamer (de)	ထမင်းစားခန်း	htamin: za: gan:
salon (de)	ဧည့်ခန်း	e. gan:
studeerkamer (de)	အိမ်တွင်းရုံးခန်းလေး	ein dwin: joun: gan: lei:
gang (de)	ဝင်ပေါက်	win bau'
badkamer (de)	ရေချိုးခန်း	jei gjou gan:
toilet (het)	အိမ်သာ	ein dha
plafond (het)	မျက်နှာကြက်	mje' hna gje'
vloer (de)	ကြမ်းပြင်	kan: pjin
hoek (de)	ထောင့်	htaun.

69. Meubels. Interieur

meubels (mv.)	ပရိဘောဂ	pa ri. bo: ga.
tafel (de)	စားပွဲ	sa: bwe:
stoel (de)	ကုလားထိုင်	kala: dain
bed (het)	ကုတင်	ku din
bankstel (het)	ဆိုဖာ	hsou hpa
fauteuil (de)	လက်တင်ပါသောကုလားထိုင်	le' tin ba dho: ku. la: dain
boekenkast (de)	စာအုပ်စင်	sa ou' sin
boekenrek (het)	စင်	sin
kledingkast (de)	ဗီရို	bi jou
kapstok (de)	နံရံကပ်အဝတ်ချိတ်စင်	nan jan ga' awu' gei' zin
staande kapstok (de)	အဝတ်ချိတ်စင်	awu' gjei' sin
commode (de)	အံဆွဲပါ မှန်တင်ခုံ	an. zwe: pa hman din khoun
salontafeltje (het)	စားပွဲပု	sa: bwe: bu.
spiegel (de)	မှန်	hman
tapijt (het)	ကော်ဇော	ko zo:
tapijtje (het)	ကော်ဇော	ko zo:
haard (de)	မီးလင်းဗို	mi: lin: bou
kaars (de)	ဖယောင်းတိုင်	hpa. jaun dain
kandelaar (de)	ဖယောင်းတိုင်စိုက်သောတိုင်	hpa. jaun dain zou' tho dain
gordijnen (mv.)	ခန်းဆီးရည်	khan: zi: shei
behang (het)	နံရံကပ်စက္ကူ	nan jan ga' se' ku

71

jaloezie (de)	ယင်းလိပ်	jin: lei'
bureaulamp (de)	စားပွဲတင်မီးအိမ်	sa: bwe: din mi: ein
wandlamp (de)	နံရံကပ်မီး	nan jan ga' mi:
staande lamp (de)	မတ်တပ်မီးစလောင်း	ma' ta' mi: za. laun:
luchter (de)	မီးပန်းလိုင်း	mi: ban: zain:

poot (ov. een tafel, enz.)	ခြေထောက်	chei htau'
armleuning (de)	လက်တန်း	le' tan:
rugleuning (de)	နောက်မှီ	nau' mi
la (de)	အံဆွဲ	an. zwe:

70. Beddengoed

beddengoed (het)	အိပ်ရာခင်းများ	ei' ja khin: mja:
kussen (het)	ခေါင်းအုံး	gaun: oun:
kussenovertrek (de)	ခေါင်းအုံးစွပ်	gaun: zu'
deken (de)	စောင်	saun
laken (het)	အိပ်ရာခင်း	ei' ja khin:
sprei (de)	အိပ်ရာဖုံး	ei' ja hpoun:

71. Keuken

keuken (de)	မီးဖိုခန်း	mi: bou gan:
gas (het)	ဓာတ်ငွေ့	da' ngwei.
gasfornuis (het)	ဂတ်စ်မီးဖို	ga' s mi: bou
elektrisch fornuis (het)	လျှပ်စစ်မီးဖို	hlja' si' si: bou
oven (de)	မုန့် ဖုတ်ရန်ဖို	moun. bou' jan bou
magnetronoven (de)	မိုက်ခရိုဝေ့ဗ်	mou' kha. jou wei. b

koelkast (de)	ရေခဲသေတ္တာ	je ge: dhi' ta
diepvriezer (de)	ရေခဲခန်း	jei ge: gan:
vaatwasmachine (de)	ပန်းကန်ဆေးစက်	bagan: zei: ze'

vleesmolen (de)	အသားကြိတ်စက်	atha: kjei' za'
vruchtenpers (de)	အသီးဖျော်စက်	athi: hpjo ze'
toaster (de)	ပေါင်မုန့်ကင်စက်	paun moun. gin ze'
mixer (de)	မွှေစက်	hmwei ze'

koffiemachine (de)	ကော်ဖီဖျော်စက်	ko hpi hpjo ze'
koffiepot (de)	ကော်ဖီအိုး	ko hpi ou:
koffiemolen (de)	ကော်ဖီကြိတ်စက်	ko hpi kjei ze'

fluitketel (de)	ရေနွေးကရားအိုး	jei nwei: gaja: ou:
theepot (de)	လက်ဘက်ရည်အိုး	le' be' ji ou:
deksel (de/het)	အိုးအဖုံး	ou: ahpoun:
theezeefje (het)	လက်ဖက်ရည်စစ်	le' hpe' ji zi'

lepel (de)	ဇွန်း	zun:
theelepeltje (het)	လက်ဖက်ရည်ဇွန်း	le' hpe' ji zwan:
eetlepel (de)	အရည်သောက်ဇွန်း	aja: dhau' zun:
vork (de)	ခက်ရင်း	khajin:
mes (het)	ဓား	da:

vaatwerk (het)	အိုးခွက်ပန်းကန်	ou: kwe' pan: gan
bord (het)	ပန်းကန်ပြား	bagan: bja:
schoteltje (het)	ဇောက်စံပန်းကန်ပြား	au' khan ban: kan pja:

likeurglas (het)	ဖန်ခွက်	hpan gwe'
glas (het)	ဖန်ခွက်	hpan gwe'
kopje (het)	ခွက်	khwe'

suikerpot (de)	သကြားခွက်	dhagja: khwe'
zoutvat (het)	ဆားဘူး	hsa: bu:
pepervat (het)	ငြုပ်ကောင်းဘူး	njou' kaun: bu:
boterschaaltje (het)	ထောပတ်ခွက်	hto: ba' khwe'

pan (de)	ပေါင်းအိုး	paun: ou:
bakpan (de)	ဟင်းကြော်အိုး	hin: gjo ou:
pollepel (de)	ဟင်းစပ်ဇွန်း	hin: ga' zun
vergiet (de/het)	ဆန်ခါ	zaga
dienblad (het)	လင်ပန်း	lin ban:

fles (de)	ပုလင်း	palin:
glazen pot (de)	ဖန်ဘူး	hpan bu:
blik (conserven~)	သံဘူး	than bu:

flesopener (de)	ပုလင်းဖောက်တံ	pu. lin: bau' tan
blikopener (de)	သံဘူးဖောက်တံ	than bu: bau' tan
kurkentrekker (de)	ဝက်အူဖောက်တံ	we' u bau' dan
filter (de/het)	ရေစစ်	jei zi'
filteren (ww)	စစ်သည်	si' te

huisvuil (het)	အမှိုက်	ahmai'
vuilnisemmer (de)	အမှိုက်ပုံး	ahmai' poun:

72. Badkamer

badkamer (de)	ရေချိုးခန်း	jei gjou gan:
water (het)	ရေ	jei
kraan (de)	ရေပိုက်ခေါင်း	jei bai' khaun:
warm water (het)	ရေပူ	jei bu
koud water (het)	ရေအေး	jei ei:

tandpasta (de)	သွားတိုက်ဆေး	thwa: tai' hsei:
tanden poetsen (ww)	သွားတိုက်သည်	thwa: tai' te
tandenborstel (de)	သွားတိုက်တံ	thwa: tai' tan

zich scheren (ww)	ရိတ်သည်	jei' te
scheercrème (de)	မုတ်ဆိတ်ရိတ်သုံး ဆီပြာမှုပ်	mou' hsei' jei' thoun: za' pja hmjou'
scheermes (het)	သင်တုန်းဓား	thin toun: da:

wassen (ww)	ဆေးသည်	hsei: de
een bad nemen	ရေချိုးသည်	jei gjou: de
douche (de)	ရေပန်း	jei ban:
een douche nemen	ရေချိုးသည်	jei gjou: de
bad (het)	ရေချိုးကန်	jei gjou: gan

toiletpot (de)	အိမ်သာ	ein dha
wastafel (de)	လက်ဆေးကန်	le' hsei: kan

zeep (de)	ဆပ်ပြာ	hsa' pja
zeepbakje (het)	ဆပ်ပြာခွက်	hsa' pja gwe'

spons (de)	ရေမြှုပ်	jei hmjou'
shampoo (de)	ခေါင်းလျှော်ရည်	gaun: sho je
handdoek (de)	တဘက်	tabe'
badjas (de)	ရေချိုးခန်းဝတ်စုံ	jei gjou: gan: wu' soun

was (bijv. handwas)	အဝတ်လျှော်ခြင်း	awu' sho gjin
wasmachine (de)	အဝတ်လျှော်စက်	awu' sho ze'
de was doen	ဒီဘီလျှော်သည်	dou bi jo de
waspoeder (de)	အဝတ်လျှော်ဆပ်ပြာမှုန့်	awu' sho hsa' pja hmun.

73. Huishoudelijke apparaten

televisie (de)	ရုပ်မြင်သံကြားစက်	jou' mjin dhan gja: ze'
cassettespeler (de)	အသံသွင်းစက်	athan dhwin: za'
videorecorder (de)	ဗီဒီယိုပြစက်	bi di jou bja. ze'
radio (de)	ရေဒီယို	rei di jou
speler (de)	ပလေယာစက်	pa. lei ja ze'

videoprojector (de)	ဗီဒီယိုပရိုဂျက်တာ	bi di jou pa. jou gje' da
home theater systeem (het)	အိမ်တွင်းရုပ်ရှင်ခန်း	ein dwin: jou' shin gan:
DVD-speler (de)	ဒီဗီဒီပလေယာ	di bi di ba lei ja
versterker (de)	အသံချဲ့စက်	athan che. zek
spelconsole (de)	ဂိမ်းဆလ္လုတ်	gein: kha lou'

videocamera (de)	ဗီဒီယိုကင်မရာ	bwi di jou kin ma. ja
fotocamera (de)	ကင်မရာ	kin ma. ja
digitale camera (de)	ဒီဂျစ်တယ်ကင်မရာ	digji' te gin ma. ja

stofzuiger (de)	ဖုန်စုပ်စက်	hpoun zou' se'
strijkijzer (het)	မီးပူ	mi: bu
strijkplank (de)	မီးပူတိုက်ရန်စင်	mi: bu tai' jan zin

telefoon (de)	တယ်လီဖုန်း	te li hpoun:
mobieltje (het)	မိုဘိုင်းဖုန်း	mou bain: hpoun:
schrijfmachine (de)	လက်နှိပ်စက်	le' hnei' se'
naaimachine (de)	အပ်ချုပ်စက်	a' chou' se'

microfoon (de)	စကားပြောခွက်	zaga: bjo: gwe'
koptelefoon (de)	နားကြပ်	na: kja'
afstandsbediening (de)	အဝေးထိန်းကိရိယာ	awei: htin: ki. ja. ja

CD (de)	စီဒီပြား	si di bja:
cassette (de)	တိပ်ခွေ	tei' khwei
vinylplaat (de)	ရေးခေတ်သုံးတောင်ပြား	shei: gi' thoun da' pja:

DE AARDE. WEER

74. De kosmische ruimte

Dutch	Burmese	Phonetic
kosmos (de)	အာကာသ	akatha.
kosmisch (bn)	အာကာသနှင့်ဆိုင်သော	akatha. hnin zain dho:
kosmische ruimte (de)	အာကာသဝင်းလင်းပြင်	akatha. hin: lin: bjin
wereld (de)	ကမ္ဘာ	ga ba
heelal (het)	စကြာဝဠာ	sa kja wa. la
sterrenstelsel (het)	ကြယ်စုတန်း	kje zu. dan:
ster (de)	ကြယ်	kje
sterrenbeeld (het)	ကြယ်နက္ခတ်စု	kje ne' kha' zu.
planeet (de)	ဂြိုဟ်	gjou
satelliet (de)	ဂြိုဟ်ငယ်	gjou nge
meteoriet (de)	ဥက္ကာခဲ	ou' ka ge:
komeet (de)	ကြယ်တံခွန်	kje dagun
asteroïde (de)	ဂြိုဟ်သိမ်ဂြိုဟ်မွှား	gjou dhein gjou hmwa:
baan (de)	ပတ်လမ်း	pa' lan:
draaien (om de zon, enz.)	လည်သည်	le de
atmosfeer (de)	လေထု	lei du.
Zon (de)	နေ	nei
zonnestelsel (het)	နေစကြာဝဠာ	nei ze kja. wala
zonsverduistering (de)	နေကြတ်ခြင်း	nei gja' chin:
Aarde (de)	ကမ္ဘာလုံး	ga ba loun:
Maan (de)	လ	la.
Mars (de)	အင်္ဂါဂြိုဟ်	in ga gjou
Venus (de)	သောကြာဂြိုဟ်	thau' kja gjou'
Jupiter (de)	ကြာသပတေးဂြိုဟ်	kja dha ba. dei: gjou'
Saturnus (de)	စနေဂြိုဟ်	sanei gjou'
Mercurius (de)	ဗုဒ္ဓဟူးဂြိုဟ်	bou' da. gjou'
Uranus (de)	ယူရေးနပ်ဂြိုဟ်	ju rei: na' gjou
Neptunus (de)	နက်ပကျွန်းဂြိုဟ်	ne' pa. gjun: gjou
Pluto (de)	ပလုတိုဂြိုဟ်	pa lu tou gjou '
Melkweg (de)	နဂါးငွေ့ကြယ်စုတန်း	na. ga: ngwe. gje zu dan:
Grote Beer (de)	မြောက်ပိုင်းဂရိတ်ဘဲ:ရ်ကြယ်စု	mjau' pain: gajei' be:j gje zu.
Poolster (de)	ဓ္ဝဝ်ကြယ်	du wan gje
marsmannetje (het)	အင်္ဂါဂြိုဟ်သား	in ga gjou dha:
buitenaards wezen (het)	အခြားကမ္ဘာဂြိုဟ်သား	apja: ga ba gjou dha
bovenaards (het)	ဂြိုဟ်သား	gjou dha:

vliegende schotel (de)	ပန်းကန်ပြားပျံ	bagan: bja: bjan
ruimtevaartuig (het)	အာကာသယာဉ်	akatha. jin
ruimtestation (het)	အာကာသစခန်း	akatha. za khan:
start (de)	လွှတ်တင်ခြင်း	hlu' tin gjin:

motor (de)	အင်ဂျင်	in gjin
straalpijp (de)	နှာ်ဇယ်	no ze
brandstof (de)	လောင်စာ	laun za

| cabine (de) | လေယာဉ်မောင်းအခန်း | lei jan maun akhan: |
| antenne (de) | အင်တန်နာတိုင် | in tan na tain |

patrijspoort (de)	ပြတင်း	badin:
zonnebatterij (de)	နေရောင်ခြည်သုံးဘတ်ထရီ	nei jaun gje dhoun: ba' hta ji
ruimtepak (het)	အာကာသဝတ်စုံ	akatha. wu' soun

| gewichtloosheid (de) | အလေးချိန်ကင်းမဲ့ခြင်း | alei: gjein gin: me. gjin: |
| zuurstof (de) | အောက်ဆီဂျင် | au' hsi gjin |

| koppeling (de) | အာကာသထဲရှိတ်ဆက်ခြင်း | akatha. hte: chei' hse' chin: |
| koppeling maken | အာကာသထဲရှိတ်ဆက်သည် | akatha. hte: chei' hse' te |

| observatorium (het) | နက္ခတ်မျှော်စင် | ne' kha' ta. mjo zin |
| telescoop (de) | အဝေးကြည့်မှန်ပြောင်း | awei: gji. hman bjaun: |

| waarnemen (ww) | လေ့လာကြည့်ရှုသည် | lei. la kji. hju. de |
| exploreren (ww) | သုတေသနပြုသည် | thu. tei thana bjou de |

75. De Aarde

Aarde (de)	ကမ္ဘာမြေကြီး	ga ba mjei kji:
aardbol (de)	ကမ္ဘာလုံး	ga ba loun:
planeet (de)	ဂြိုဟ်	gjou

atmosfeer (de)	လေထု	lei du.
aardrijkskunde (de)	ပထဝီဝင်	pahtawi win
natuur (de)	သဘာဝ	tha. bawa

wereldbol (de)	ကမ္ဘာလုံး	ga ba loun:
kaart (de)	မြေပုံ	mjei boun
atlas (de)	မြေပုံစာအုပ်	mjei boun za ou'

| Europa (het) | ဥရောပ | u. jo: pa |
| Azië (het) | အာရှ | a sha. |

| Afrika (het) | အာဖရိက | apha. ri. ka. |
| Australië (het) | သြစတြေးလျ | thja za djei: lja |

Amerika (het)	အမေရိက	amei ji ka
Noord-Amerika (het)	မြောက်အမေရိက	mjau' amei ri. ka.
Zuid-Amerika (het)	တောင်အမေရိက	taun amei ri. ka.

| Antarctica (het) | အန္တာတိတ် | anta di' |
| Arctis (de) | အာတိတ် | a tei' |

76. Windrichtingen

noorden (het)	မြောက်အရပ်	mjau' aja'
naar het noorden	မြောက်ဘက်သို့	mjau' be' thou.
in het noorden	မြောက်ဘက်မှာ	mjau' be' hma
noordelijk (bn)	မြောက်အရပ်နှင့်ဆိုင်သော	mjau' aja' hnin. zain de.
zuiden (het)	တောင်အရပ်	taun aja'
naar het zuiden	တောင်ဘက်သို့	taun be' thou.
in het zuiden	တောင်ဘက်မှာ	taun be' hma
zuidelijk (bn)	တောင်အရပ်နှင့်ဆိုင်သော	taun aja' hnin. zain de.
westen (het)	အနောက်အရပ်	anau' aja'
naar het westen	အနောက်ဘက်သို့	anau' be' thou.
in het westen	အနောက်ဘက်မှာ	anau' be' hma
westelijk (bn)	အနောက်အရပ်နှင့်ဆိုင်သော	anau' aja' hnin. zain dho:
oosten (het)	အရှေ့အရပ်	ashei. aja'
naar het oosten	အရှေ့ဘက်သို့	ashei. be' hma
in het oosten	အရှေ့ဘက်မှာ	ashei. be' hma
oostelijk (bn)	အရှေ့အရပ်နှင့်ဆိုင်သော	ashei. aja' hnin. zain de.

77. Zee. Oceaan

zee (de)	ပင်လယ်	pin le
oceaan (de)	သမုဒ္ဒရာ	thamou' daja
golf (baai)	ပင်လယ်ကွေ့	pin le gwe.
straat (de)	ရေလက်ကြား	jei le' kja:
grond (vaste grond)	ကုန်းမြေ	koun: mei
continent (het)	တိုက်	tai'
eiland (het)	ကျွန်း	kjun:
schiereiland (het)	ကျွန်းဆွယ်	kjun: zwe
archipel (de)	ကျွန်းစု	kjun: zu.
baai, bocht (de)	အော်	o
haven (de)	သင်္ဘောဆိပ်ကမ်း	thin: bo: zei' kan:
lagune (de)	ပင်လယ်တုံးအိုင်	pin le doun: ain
kaap (de)	အငူ	angu
atol (de)	သန္တာကျောက်တန်းကျွန်းငယ်	than da gjau' tan: gjun: nge
rif (het)	ကျောက်တန်း	kjau' tan:
koraal (het)	သန္တာကောင်	than da gaun
koraalrif (het)	သန္တာကျောက်တန်း	than da gjau' tan:
diep (bn)	နက်သော	ne' te.
diepte (de)	အနက်	ane'
diepzee (de)	ရှောက်နက်ကြီး	chau' ne' kji:
trog (bijv. Marianentrog)	မြောင်း	mjaun:
stroming (de)	စီးကြောင်း	si: gaun:
omspoelen (ww)	ဝိုင်းသည်	wain: de

| oever (de) | ကမ်းစပ် | kan: za' |
| kust (de) | ကမ်းခြေ | kan: gjei |

vloed (de)	ရေတက်	jei de'
eb (de)	ရေကျ	jei gja.
ondiepte (ondiep water)	ေသာင်ရွယ်	thaun zwe
bodem (de)	ကြမ်းပြင်	kan: pjin

golf (hoge ~)	လှိုင်း	hlain:
golfkam (de)	လှိုင်းခေါင်းဖျ	hlain: gaun: bju.
schuim (het)	အမြွုပ်	a hmjou'

storm (de)	မုန်တိုင်း	moun dain:
orkaan (de)	ဟာရီကိန်းမုန်တိုင်း	ha ji gain: moun dain:
tsunami (de)	ဆူနာမိ	hsu na mi
windstilte (de)	ရေသေ	jei dhei
kalm (bijv. ~e zee)	ငြိမ်သက်အေးဆေးသော	njein dhe' ei: zei: de.

| pool (de) | ဝင်ရိုးစွန်း | win jou: zun |
| polair (bn) | ဝင်ရိုးစွန်းနှင့်ဆိုင်သော | win jou: zun hnin. zain de. |

breedtegraad (de)	လတ္တီတွဒ်	la' ti. tu'
lengtegraad (de)	လောင်ဂျီတွဒ်	laun gji twa'
parallel (de)	လတ္တီတွဒ်မျဉ်း	la' ti. tu' mjin:
evenaar (de)	အီကွေတာ	i kwei: da

hemel (de)	ကောင်းကင်	kaun: gin
horizon (de)	မိုးကုပ်စက်ဝိုင်း	mou kou' se' wain:
lucht (de)	လေထု	lei du.

vuurtoren (de)	မီးပြတိုက်	mi: bja dai'
duiken (ww)	ရေငင်သည်	jei ngou' te
zinken (ov. een boot)	ရေမြုပ်သည်	jei mjou' te
schatten (mv.)	ရတနာ	jadana

78. Namen van zeeën en oceanen

Atlantische Oceaan (de)	အတ္တလန္တိတ် သမုဒ္ဒရာ	a' ta. lan ti' thamou' daja
Indische Oceaan (de)	အိန္ဒိယ သမုဒ္ဒရာ	indi. ja thamou. daja
Stille Oceaan (de)	ပစိဖိတ် သမုဒ္ဒရာ	pa. si. hpi' thamou' daja
Noordelijke IJszee (de)	အာတိတ် သမုဒ္ဒရာ	a tei' thamou' daja

Zwarte Zee (de)	ပင်လယ်နက်	pin le ne'
Rode Zee (de)	ပင်လယ်နီ	pin le ni
Gele Zee (de)	ပင်လယ်ဝါ	pin le wa
Witte Zee (de)	ပင်လယ်ဖြူ	pin le bju

Kaspische Zee (de)	ကက်စပီယန် ပင်လယ်	ke' za. pi jan pin le
Dode Zee (de)	ပင်လယ်သေ	pin le dhe:
Middellandse Zee (de)	မြေထဲပင်လယ်	mjei hte: bin le

Egeïsche Zee (de)	အေဂျိယန်းပင်လယ်	ei gi jan: bin le
Adriatische Zee (de)	အဒရီရာတစ်ပင်လယ်	a da yi ya ti' pin le
Arabische Zee (de)	အာရေဗီးယန်း ပင်လယ်	a ra bi: an: bin le

Japanse Zee (de)	ဂျပန် ပင်လယ်	gja pan pin le
Beringzee (de)	ဘယ်ရင်း ပင်လယ်	be jin: bin le
Zuid-Chinese Zee (de)	တောင်တရုတ်ပင်လယ်	taun dajou' pinle
Koraalzee (de)	ကော်ရယ်လ်ပင်လယ်	ko je l pin le
Tasmanzee (de)	တာစ်မန်းပင်လယ်	te' sa. man: bin le
Caribische Zee (de)	ကာရေးဘီးယန်းပင်လယ်	ka rei: bi: jan: bin le
Barentszzee (de)	ဘာရန့်စ် ပင်လယ်	ba jan's bin le
Karische Zee (de)	ကာရာ ပင်လယ်	kara bin le
Noordzee (de)	မြောက်ပင်လယ်	mjau' pin le
Baltische Zee (de)	ဘော်လ်တိစ်ပင်လယ်	bo' l ti' pin le
Noorse Zee (de)	နော်ဝေးရှီယန်း ပင်လယ်	no wei: bin le

79. Bergen

berg (de)	တောင်	taun
bergketen (de)	တောင်တန်း	taun dan:
gebergte (het)	တောင်ရေကြော	taun gjo:
bergtop (de)	ထိပ်	htei'
bergpiek (de)	တောင်ထွတ်	taun htu'
voet (ov. de berg)	တောင်ခြေ	taun gjei
helling (de)	တောင်စောင်း	taun zaun:
vulkaan (de)	မီးတောင်	mi: daun
actieve vulkaan (de)	မီးတောင်ရှင်	mi: daun shin
uitgedoofde vulkaan (de)	မီးငြိမ်းတောင်	mi: njein: daun
uitbarsting (de)	မီးတောင်ပေါက်ကွဲခြင်း	mi: daun pau' kwe: gjin:
krater (de)	မီးတောင်ဝ	mi: daun wa.
magma (het)	ကျောက်ရည်ပူ	kjau' ji bu
lava (de)	ချော်ရည်	cho ji
gloeiend (~e lava)	အရမ်းပူသော	ajam: bu de.
kloof (canyon)	တောင်ကြားချှိုင့်ဝှမ်းနက်	taun gja: gjain. hwan: ne'
bergkloof (de)	တောင်ကြား	taun gja:
spleet (de)	အက်ကွဲကြောင်း	e' kwe: gjaun:
afgrond (de)	ရှောက်ကမ်းပါး	chau' kan: ba:
bergpas (de)	တောင်ကြားလမ်း	taun gja: lan:
plateau (het)	ကုန်းပြင်မြင့်	koun: bjin mjin:
klip (de)	ကျောက်တောင်	kjau' hsain
heuvel (de)	တောင်ကုန်း	taun goun:
gletsjer (de)	ရေခဲမြစ်	jei ge: mji'
waterval (de)	ရေတံခွန်	jei dan khun
geiser (de)	ရေပူစမ်း	jei bu zan:
meer (het)	ရေကန်	jei gan
vlakte (de)	မြေပြန့်	mjei bjan:
landschap (het)	ရှုခင်း	shu. gin:
echo (de)	ပဲ့တင်သံ	pe. din than

alpinist (de)	တောင်တက်သမား	taun de' thama:
bergbeklimmer (de)	ကျောက်တောင်တက်သမား	kjau' taun de dha ma:
trotseren (berg ~)	အောင်နိုင်သူ	aun nain dhu
beklimming (de)	တောင်တက်ခြင်း	taun de' chin:

80. Bergen namen

Alpen (de)	အဲလ်ပ်တောင်	e.lp daun
Mont Blanc (de)	မောင့်ဘလန့်စ်တောင်	maun. ba. lan. s taun
Pyreneeën (de)	ပိရနီးနီးစ်တောင်	pi jan: ni:s taun
Karpaten (de)	ကာပဿီယန်စ်တောင်	ka pa. dhi jan s taun
Oeralgebergte (het)	ယူရယ်တောင်တန်း	ju re daun dan:
Kaukasus (de)	ကော့ကေးဆပ်တောင်တန်း	ko: kei: zi' taun dan:
Elbroes (de)	အယ်ဘရတ်စ်တောင်	e ba. ja's daun
Altaj (de)	အယ်လတိုင်တောင်	e la. tain daun
Tiensjan (de)	တိုင်ယန်ရှန်းတောင်	tain jan shin: daun
Pamir (de)	ပါမီယာတောင်တန်း	pa mi ja daun dan:
Himalaya (de)	ဟိမဝႁာတောင်တန်း	hi. ma. wan da daun dan:
Everest (de)	ဝရတ်တောင်	ei wa. ja' taun
Andes (de)	အန်းဒီတောင်တန်း	an: di daun dan:
Kilimanjaro (de)	ကီလီမန်ဂျာဝိုတောင်	ki li man gja gou daun

81. Rivieren

rivier (de)	မြစ်	mji'
bron (~ van een rivier)	စမ်း	san:
rivierbedding (de)	ရေကြောင်းကြောင်း	jei gjo: zi: gjaun:
rivierbekken (het)	မြစ်ရှိုင့်ဝှန်း	mji' chain. hwan:
uitmonden in ...	ဝီးဝင်သည်	si: win de
zijrivier (de)	မြစ်လက်တက်	mji' le' te'
oever (de)	ကမ်း	kan:
stroming (de)	စီးကြောင်း	si: gaun:
stroomafwaarts (bw)	ရေရှ	jei zoun
stroomopwaarts (bw)	ရေဆန့်	jei zan
overstroming (de)	ရေကြီးမှု	jei gji: hmu.
overstroming (de)	ရေလျှံခြင်း	jei shan gjin:
buiten zijn oevers treden	လျှံသည်	shan de
overstromen (ww)	ရေလွှမ်းသည်	jei hlwan: de
zandbank (de)	ရေတိမ်ပိုင်း	jei dein bain:
stroomversnelling (de)	ရေအောက်ကျောက်ဆောင်	jei au' kjau' hsaun
dam (de)	ဆည်	hse
kanaal (het)	တူးမြောင်း	tu: mjaun:
spaarbekken (het)	ရေလှောင်ကန်	jei hlaun gan
sluis (de)	ရေလွဲပေါက်	jei hlwe: bau'

waterlichaam (het)	ရေထု	jei du.
moeras (het)	ရွှံ့ညွန်	shwan njun
broek (het)	ဗို့မြေ	sein. mjei
draaikolk (de)	ရေဝဲ	jei we:

stroom (de)	ချောင်းကလေး	chaun: galei:
drink- (abn)	သောက်ရေ	thau' jei
zoet (~ water)	ရေချို	jei gjou

| ijs (het) | ရေခဲ | jei ge: |
| bevriezen (rivier, enz.) | ရေခဲသည် | jei ge: de |

<h2>82.   Namen van rivieren</h2>

| Seine (de) | ဆိန်းမြစ် | sein mji' |
| Loire (de) | လော်ရီမြစ် | lo ji mji' |

Theems (de)	သိမ်းမြစ်	thain: mji'
Rijn (de)	ရိုင်းမြစ်	rain: mji'
Donau (de)	ဒင်နယုမြစ်	din na. ju mji'

Wolga (de)	ဗော်လဂါမြစ်	bo la. ga mja'
Don (de)	ဒွန်မြစ်	dun mja'
Lena (de)	လီနာမြစ်	li na mji'

Gele Rivier (de)	မြစ်ဝါ	mji' wa
Blauwe Rivier (de)	ရန်ဇီးမြစ်	jan zi: mji'
Mekong (de)	မဲခေါင်မြစ်	me: gaun mji'
Ganges (de)	ဂင်္ဂါမြစ်	gan ga. mji'

Nijl (de)	နိုင်းမြစ်	nain: mji'
Kongo (de)	ကွန်ဂိုမြစ်	kun gou mji'
Okavango (de)	အိုကာဗန်ဂိုမြစ်	ai' hou ban
Zambezi (de)	ဇမ်ဘီးဇီးမြစ်	zan bi zi: mji'
Limpopo (de)	လင်ပိုပိုမြစ်	lin po pou mji'
Mississippi (de)	မစ်စစ္စပ်မြစ်	mi' si. si. pi. mji'

<h2>83.   Bos</h2>

| bos (het) | သစ်တော | thi' to: |
| bos- (abn) | သစ်တောနှင့်ဆိုင်သော | thi' to: hnin. zain de. |

oerwoud (dicht bos)	ထူထပ်သောတော	htu da' te. do:
bosje (klein bos)	သစ်ပင်အုပ်	thi' pin ou'
open plek (de)	တောတွင်းလဟာပြင်	to: dwin: la. ha bjin

| struikgewas (het) | ချုံဝိတ်ပေါင်း | choun bei' paun: |
| struiken (mv.) | ချုံထနောင်းတော | choun hta naun: de. |

paadje (het)	လူသွားလမ်းကလေး	lu dhwa: lan: ga. lei:
ravijn (het)	လျှို	shou
boom (de)	သစ်ပင်	thi' pin

| blad (het) | သစ်ရွက် | thi' jwe' |
| gebladerte (het) | သစ်ရွက်များ | thi' jwe' mja: |

vallende bladeren (mv.)	သစ်ရွက်ကြွေခြင်း	thi' jwe' kjwei gjin:
vallen (ov. de bladeren)	သစ်ရွက်ကြွေသည်	thi' jwe' kjwei de
boomtop (de)	အဖျား	ahpja:

tak (de)	အကိုင်းခွဲ	akain: khwe:
ent (de)	ပင်မကိုင်း	pin ma. gain:
knop (de)	အဖူး	ahpu:
naald (de)	အပ်နှင့်တူသောအရွက်	a' hnin. bu de. ajwe'
dennenappel (de)	ထင်းရှူးသီး	htin: shu: dhi:

boom holte (de)	အခေါင်းပေါက်	akhaun: bau'
nest (het)	ငှက်သိုက်	hnge' thai'
hol (het)	မြေတွင်း	mjei dwin:

stam (de)	ပင်စည်	pin ze
wortel (bijv. boom~s)	အမြစ်	amji'
schors (de)	သစ်ခေါက်	thi' khau'
mos (het)	ရေညှိ	jei hnji.

ontwortelen (een boom)	အမြစ်မှဆွဲနုတ်သည်	amji' hma zwe: hna' te
kappen (een boom ~)	ရုတ်သည်	khou' te
ontbossen (ww)	တောပြုန်းစေသည်	to: bjoun: zei de
stronk (de)	သစ်ငုတ်တို	thi' ngou' tou

kampvuur (het)	မီးပုံ	mi: boun
bosbrand (de)	မီးလောင်ခြင်း	mi: laun gjin:
blussen (ww)	မီးသတ်သည်	mi: tha' de

boswachter (de)	တောခေါင်း	to: gaun:
bescherming (de)	သစ်တောဝန်ထမ်း	thi' to: wun dan:
beschermen	ထိန်းသိမ်းစောင့်ရှောက်သည်	htein: dhein: zaun. shau' te
(bijv. de natuur ~)		

| stroper (de) | နိုးယှသူ | khou: ju dhu |
| val (de) | သံမကိုထောင်ရှောက် | than mani. daun gjau' |

plukken (paddestoelen ~)	ဆွတ်သည်	hsu' te
plukken (bessen ~)	ခူးသည်	khu: de
verdwalen (de weg kwijt zijn)	လမ်းပျောက်သည်	lan: bjau' de

natuurlijke rijkdommen (mv.)	သယံဇာတ	thajan za da.
delfstoffen (mv.)	တွင်းထွက်ပစ္စည်း	twin: htwe' pji' si:
lagen (mv.)	နန့်	noun:
veld (bijv. olie~)	ဓာတ်သဘ္လ္ထွက်ရာမြေ	da' tha' tu dwe' ja mjei

winnen (uit erts ~)	တူးဖော်သည်	tu: hpo de
winning (de)	တူးဖော်ခြင်း	tu: hpo gjin:
erts (het)	သတ္တုရိုင်း	tha' tu. jain:
mijn (bijv. kolenmijn)	သတ္တုတွင်း	tha' tu. dwin:
mijnschacht (de)	မိုင်းတွင်း	main: dwin:

mijnwerker (de)	သတ္တုတွင်း အလုပ်သမား	tha' tu. dwin: alou' thama:
gas (het)	ဓာတ်ငွေ့	da' ngwei.
gasleiding (de)	ဓါတ်ငွေ့ပိုက်လိုင်း	da' ngwei. bou' lain:

olie (aardolie)	ရေနံ	jei nan
olieleiding (de)	ရေနံပိုက်လိုင်း	jei nan bou' lain:
oliebron (de)	ရေနံတွင်း	jei nan dwin:
boortoren (de)	ရေနံစင်	jei nan zin
tanker (de)	လောင်စာတင်သင်္ဘော	laun za din dhin bo:

zand (het)	သဲ	the:
kalksteen (de)	ထုံးကျောက်	htoun: gjau'
grind (het)	ကျောက်စရစ်	kjau' sa. ji'
veen (het)	မြေဆွေးခဲ	mjei zwei: ge:
klei (de)	မြေစေး	mjei zei:
steenkool (de)	ကျောက်မီးသွေး	kjau' mi dhwei:

ijzer (het)	သံ	than
goud (het)	ရွှေ	shwei
zilver (het)	ငွေ	ngwei
nikkel (het)	နီကယ်	ni ke
koper (het)	ကြေးနီ	kjei: ni

zink (het)	သွပ်	thu'
mangaan (het)	မဂ္ဂနီစ်	ma' ga. ni:s
kwik (het)	ပြဒါး	bada:
lood (het)	ခဲ	khe:

mineraal (het)	သတ္တုဓာတ်	tha' tu. za:
kristal (het)	သလင်းကျောက်	thalin: gjau'
marmer (het)	စကျင်ကျောက်	zagjin kjau'
uraan (het)	ယူရေနီယမ်	ju rei ni jan

85. Weer

weer (het)	ရာသီဥတု	ja dhi nja. tu.
weersvoorspelling (de)	မိုးလေဝသခန့်မှန်းချက်	mou: lei wa. dha. gan. hman: gje'
temperatuur (de)	အပူရှိန်	apu gjein
thermometer (de)	သာမိုမီတာ	tha mou mi ta
barometer (de)	လေဖိအားတိုင်းကိရိယာ	lei bi. a: dain: gi. ji. ja
vochtig (bn)	စိုထိုင်းသော	sou htain: de
vochtigheid (de)	စိုထိုင်းမှု	sou htain: hmu.
hitte (de)	အပူရှိန်	apu shein
heet (bn)	ပူလောင်သော	pu laun de.
het is heet	ပူလောင်ခြင်း	pu laun gjin:
het is warm	နွေးခြင်း	nwei: chin:
warm (bn)	နွေးသော	nwei: de.
het is koud	အေးခြင်း	ei: gjin:
koud (bn)	အေးသော	ei: de.

zon (de)	ေန	nei
schijnen (de zon)	သာသည်	tha de
zonnig (~e dag)	ေနသာေသာ	nei dha de.
opgaan (ov. de zon)	ေနထွက်သည်	nei dwe' te
ondergaan (ww)	ေနဝင်သည်	nei win de

wolk (de)	တိမ်	tein
bewolkt (bn)	တိမ်ထူေသာ	tein du de
regenwolk (de)	မိုးတိမ်	mou: dain
somber (bn)	ညို့မှိုင်းေသာ	njou. hmain: de.

regen (de)	မိုး	mou:
het regent	မိုးရွာသည်	mou: jwa de.
regenachtig (bn)	မိုးရွာေသာ	mou: jwa de.
motregenen (ww)	မိုးဖွဲဖွဲရွာသည်	mou: bwe: bwe: jwa de

plensbui (de)	သည်းထန်စွာရွာေသာမိုး	thi: dan zwa jwa dho: mou:
stortbui (de)	မိုးပုလဲနဲ့	mou: bu. zain
hard (bn)	မိုးသည်းေသာ	mou: de: de.
plas (de)	ေရအိုင်	jei ain
nat worden (ww)	မိုးမိသည်	mou: mi de

mist (de)	မြူ	mju
mistig (bn)	မြူထူထပ်ေသာ	mju htu hta' te.
sneeuw (de)	နှင်း	hnin:
het sneeuwt	နှင်းကျသည်	hnin: gja. de

86. Zwaar weer. Natuurrampen

noodweer (storm)	မိုးသက်မုန်တိုင်း	mou: dhe' moun dain:
bliksem (de)	လျှပ်စီး	hlja' si:
flitsen (ww)	လျှပ်ပြက်သည်	hlja' pje' te

donder (de)	မိုးကြိုး	mou: kjou:
donderen (ww)	မိုးကြိုးပစ်သည်	mou: gjou: pi' te
het dondert	မိုးကြိုးပစ်သည်	mou: gjou: pi' te

hagel (de)	မိုးသီး	mou: dhi:
het hagelt	မိုးသီးေကြသည်	mou: dhi: gjwei de

overstromen (ww)	ေရကြီးသည်	jei gji: de
overstroming (de)	ေရကြီးမှု	jei gji: hmu.

aardbeving (de)	ငလျင်	nga ljin
aardschok (de)	တုန်ခါခြင်း	toun ga gjin:
epicentrum (het)	ငလျင်ဗဟိုချက်	nga ljin ba hou che'

uitbarsting (de)	မီးေတာင်ေပါက်ကွဲခြင်း	mi: daun pau' kwe: gjin:
lava (de)	ေချာ်ရည်	cho ji

wervelwind (de)	ေလဆင်နှာေမာင်း	lei zin hna maun:
windhoos (de)	ေလဆင်နှာေမာင်း	lei zin hna maun:
tyfoon (de)	တိုင်ဖွန်းမုန်တိုင်း	tain hpun moun dain:
orkaan (de)	ဟာရိကိန်းမုန်တိုင်း	ha ji gain: moun dain:

storm (de)	မုန်တိုင်း	moun dain:
tsunami (de)	ဆူနာမိ	hsu na mi
cycloon (de)	ဆိုင်ကလုန်းမုန်တိုင်း	hsain ga. loun: moun dain:
onweer (het)	လိုးရွားသောရာသီဥတု	hsou: jwa: de. ja dhi u. tu.
brand (de)	မီးလောင်ခြင်း	mi: laun gjin:
ramp (de)	ဘေးအန္တရာယ်	bei: an daje
meteoriet (de)	ဥက္ကာခဲ	ou' ka ge:
lawine (de)	ရေခဲနှင့်ကျောက်တုံးများထိုးကျခြင်း	jei ge: hnin kjau' toun: mja: htou: gja. gjin:
sneeuwverschuiving (de)	လေတိုက်၍ပြီးဖြစ်နေသောနှင်းပုံ	lei dou' hpji: bi' nei dho: hnin: boun
sneeuwjacht (de)	နှင်းမုန်တိုင်း	hnin: moun dain:
sneeuwstorm (de)	နှင်းမုန်တိုင်း	hnin: moun dain:

FAUNA

87. Zoogdieren. Roofdieren

roofdier (het)	သားရဲ	tha: je:
tijger (de)	ကျား	kja:
leeuw (de)	ခြင်္သေ့	chin dhei.
wolf (de)	ဝံပုလွေ	wun bu. lwei
vos (de)	မြေခွေး	mjei gwei:
jaguar (de)	ဂျာဂွာကျားသစ်မျိုး	gja gwa gja: dhi' mjou:
luipaard (de)	ကျားသစ်	kja: dhi'
jachtluipaard (de)	သစ်ကျွတ်	thi' kjou'
panter (de)	ကျားသစ်နက်	kja: dhi' ne'
poema (de)	ပြူးမားတောင်ခြေသဲ့	pju. ma: daun gjin dhei.
sneeuwluipaard (de)	ရေခဲတောင်ကျားသစ်	jei ge: daun gja: dhi'
lynx (de)	လင့်ကြောင်မြီးတို	lin. gjaun mji: dou
coyote (de)	ဝံပုလွေငယ်တစ်မျိုး	wun bu. lwei nge di' mjou:
jakhals (de)	ခွေးအ	khwei: a.
hyena (de)	ဟိုင်အီးနား	hain i: na:

88. Wilde dieren

dier (het)	တိရစ္ဆာန်	tharei' hsan
beest (het)	ခြေလေးချောင်းသတ္တဝါ	chei lei: gjaun: dhadawa
eekhoorn (de)	ရှဉ့်	shin.
egel (de)	ဖြူကောင်	hpju gaun
haas (de)	တောယုန်ကြီး	to: joun gji:
konijn (het)	ယုန်	joun
das (de)	ခွေးတူဝက်တူကောင်	khwei: du we' tu gaun
wasbeer (de)	ရက်ကွန်းဝံ	je' kwan: wan
hamster (de)	မြီးတိုပါးတွဲကြွက်	mji: dou ba: dwe: gjwe'
marmot (de)	မားမိုတ်ကောင်	ma: mou. t gaun
mol (de)	ပွေး	pwei:
muis (de)	ကြွက်	kjwe'
rat (de)	မြေကြွက်	mjei gjwe'
vleermuis (de)	လင်းနို့	lin: nou.
hermelijn (de)	အားမင်ကောင်	a: min gaun
sabeldier (het)	ဆေဘယ်	hsei be
marter (de)	အသားစားအကောင်ငယ်	atha: za: akaun nge
wezel (de)	သားစားဖို	tha: za: bjan
nerts (de)	မင့်ခမြွေပါ	min kh mjwei ba

| bever (de) | ဖျံကြီးတစ်မျိုး | hpjan gji: da' mjou: |
| otter (de) | ဖျံ | hpjan |

paard (het)	မြင်း	mjin:
eland (de)	ဦးချိုပြားသော သမင်ကြီး	u: gjou bja: dho: thamin gji:
hert (het)	သမင်	thamin
kameel (de)	ကုလားအုတ်	kala: ou'

bizon (de)	အမေရိကန်ပြောင်	amei ji kan pjaun
wisent (de)	အောရက်စ်	o: re' s
buffel (de)	ကျွဲ	kjwe:

zebra (de)	မြင်းကျား	mjin: gja:
antilope (de)	အပြေးမြန်သော တောဆိတ်	apjei: mjan de. hto: zei'
ree (de)	ဒရယ်ငယ်တစ်မျိုး	da. je nge da' mjou:
damhert (het)	ဒရယ်	da. je
gems (de)	တောင်ဆိတ်	taun zei'
everzwijn (het)	တောဝက်ထီး	to: we' hti:

walvis (de)	ဝေလငါး	wei la. nga:
rob (de)	ပင်လယ်ဖျံ	pin le bjan
walrus (de)	ဝါရပ်စ်ဖျံ	wo: ra's hpjan
zeebeer (de)	အမွေးပါသောပင် လယ်ဖျံ	amwei: pa dho: bin le hpjan
dolfijn (de)	လင်းပိုင်	lin: bain

beer (de)	ဝက်ဝံ	we' wun
ijsbeer (de)	ဝိုလာဝက်ဝံ	pou la we' wan
panda (de)	ပန်ဒါဝက်ဝံ	pan da we' wan

aap (de)	မျောက်	mjau'
chimpansee (de)	ချင်ပင်ဇီမျောက်ဝံ	chin pin zi mjau' wan
orang-oetan (de)	အောရန်အူတန်လူဝံ	o ran u tan lu wun
gorilla (de)	ဂေါ်ရိလာမျောက်ဝံ	go ji la mjau' wun
makaak (de)	မာကာ‌ကွေမျောက်	ma ga gwei mjau'
gibbon (de)	မျောက်လွှေကျော်	mjau' hlwe: gjo

olifant (de)	ဆင်	hsin
neushoorn (de)	ကြံ့	kjan.
giraffe (de)	သစ်ကုလားအုတ်	thi' ku. la ou'
nijlpaard (het)	ရေမြင်း	jei mjin:

| kangoeroe (de) | သားပိုက်ကောင် | tha: bai' kaun |
| koala (de) | ကိုအာလာဝက်ဝံ | kou a la we' wun |

mangoest (de)	မွေဘ	mwei ba
chinchilla (de)	ချင်းချီလာ	chin: chi la
stinkdier (het)	ဆကန့်ခံဖျံ	sakan. kh hpjan
stekelvarken (het)	ဖြူ	hpju

89. Huisdieren

poes (de)	ကြောင်	kjaun
kater (de)	ကြောင်ထီး	kjaun di:
hond (de)	ခွေး	khwei:

paard (het)	မြင်း	mjin:
hengst (de)	မြင်းထီး	mjin: di:
merrie (de)	မြင်းမ	mjin: ma.

koe (de)	နွား	nwa:
bul, stier (de)	နွားထီး	nwa: di:
os (de)	နွားထီး	nwa: di:

schaap (het)	သိုး	thou:
ram (de)	သိုးထီး	thou: hti:
geit (de)	ဆိတ်	hsei'
bok (de)	ဆိတ်ထီး	hsei' hti:

| ezel (de) | မြည်း | mji: |
| muilezel (de) | လား | la: |

varken (het)	ဝက်	we'
biggetje (het)	ဝက်ကလေး	we' ka lei:
konijn (het)	ယုန်	joun

| kip (de) | ကြက် | kje' |
| haan (de) | ကြက်ဖ | kje' pha. |

eend (de)	ဘဲ	be:
woerd (de)	ဘဲထီး	be: di:
gans (de)	ဘဲငန်း	be: ngan:

| kalkoen haan (de) | ကြက်ဆင် | kje' hsin |
| kalkoen (de) | ကြက်ဆင် | kje' hsin |

huisdieren (mv.)	အိမ်မွေးတိရစ္ဆာန်များ	ein mwei: ti. ji. swan mja:
tam (bijv. hamster)	ယဉ်ပါးသော	jin ba: de.
temmen (tam maken)	ယဉ်ပါးစေသည်	jin ba: zei de
fokken (bijv. paarden ~)	သားဖေါက်သည်	tha: bau' te

boerderij (de)	စိုက်ပျိုးမွေးမြူရေးခြံ	sai' pjou: mwei: mju jei: gjan
gevogelte (het)	ကြက်ဥက်တိရ္စ္ဆာန်	kje' ti ji za hsan
rundvee (het)	ကျွဲနွားးတိရ္စ္ဆာန်	kjwe: nwa: tarei. zan
kudde (de)	အုပ်	ou'

paardenstal (de)	မြင်းဇောင်း	mjin: zaun:
zwijnenstal (de)	ဝက်ခြံ	we' khan
koeienstal (de)	နွားတင်းကုပ်	nwa: din: gou'
konijnenhok (het)	ယုန်အိမ်	joun ein
kippenhok (het)	ကြက်လှောင်အိမ်	kje' hlaun ein

90. Vogels

vogel (de)	ငှက်	hnge'
duif (de)	ခို	khou
mus (de)	စာကလေး	sa ga. lei:
koolmees (de)	စာဝတီးငှက်	sa wadi: hnge'
ekster (de)	ငှက်ကျား	hnge' kja:
raaf (de)	ကျီးနက်	kji: ne'

kraai (de)	ကျီးကန်း	kji: kan:
kauw (de)	ဥရောပကျီးတစ်မျိုး	u. jo: pa gji: di' mjou:
roek (de)	ကျီးအ	kji: a.
eend (de)	ဘဲ	be:
gans (de)	ဘဲငန်း	be: ngan:
fazant (de)	ရစ်ငှက်	ji' hnge'
arend (de)	လင်းယုန်	lin: joun
havik (de)	သိမ်းငှက်	thain: hnge'
valk (de)	အမဲလိုက်သိမ်းငှက်တစ်မျိုး	ame: lai' thein: hnge' ti' mjou:
gier (de)	လင်းတ	lin: da.
condor (de)	တောင်အမေရိကလင်းတ	taun amei ri. ka. lin: da.
zwaan (de)	ငန်း	ngan:
kraanvogel (de)	ငှက်ကုလား	hnge' ku. la:
ooievaar (de)	ချည်ခင်ဇွပ်ငှက်	che gin zu' hnge'
papegaai (de)	ကြက်တူရွေး	kje' tu jwei:
kolibrie (de)	ငှက်ပိတုန်း	hnge' pi. doun:
pauw (de)	ဥဒေါင်း	u. daun:
struisvogel (de)	ငှက်ကုလားအုတ်	hnge' ku. la: ou'
reiger (de)	ဗဟာစ်ငှက်	nga hi' hnge'
flamingo (de)	ကြိုးကြားနီ	kjou: kja: ni
pelikaan (de)	ငှက်ကြီးဝမ်းဝ	hnge' kji: wun bou
nachtegaal (de)	တေးဆိုငှက်	tei: hsou hnge'
zwaluw (de)	ပျိုလွှား	pjan hlwa:
lijster (de)	မြေလူးငှက်	mjei lu: hnge'
zanglijster (de)	တေးဆိုမြေလူးငှက်	tei: hsou mjei lu: hnge'
merel (de)	ငှက်မည်း	hnge' mji:
gierzwaluw (de)	ပျိုလွှားတစ်မျိုး	pjan hlwa: di' mjou:
leeuwerik (de)	ဘီလုံးငှက်	bi loun: hnge'
kwartel (de)	ငုံး	ngoun:
specht (de)	သစ်တောက်ငှက်	thi' tau' hnge'
koekoek (de)	ဥဩငှက်	udhja hnge'
uil (de)	ဇီးကွက်	zi: gwe
oehoe (de)	သိမ်းငှက်အနွယ်ဝင်ဇီးကွက်	thain: hnge' anwe win zi: gwe'
auerhoen (het)	ရစ်	ji'
korhoen (het)	ရစ်နက်	ji' ne'
patrijs (de)	ခါ	kha
spreeuw (de)	ကျွဲဆက်ရက်	kjwe: hse' je'
kanarie (de)	စာဝါငှက်	sa wa hnge'
hazelhoen (het)	ရစ်ညို	ji' njou
vink (de)	စာကျွဲခေါင်း	sa gjwe: gaun:
goudvink (de)	စာကျွဲခေါင်းငှက်	sa gjwe: gaun: hngwe'
meeuw (de)	စင်ရော်	sin jo
albatros (de)	ပင်လယ်စင်ရော်ကြီး	pin le zin jo gji:
pinguïn (de)	ပင်ဂွင်း	pin gwin:

91. Vis. Zeedieren

brasem (de)	ငါးကြင်းတစ်မျိုး	nga: gjin: di' mjou
karper (de)	ငါးကြင်း	nga gjin:
baars (de)	ငါးပြုမတစ်မျိုး	nga: bjei ma. di' mjou:
meerval (de)	ငါးခူ	nga: gu
snoek (de)	ပိုက်ငါး	pai' nga

zalm (de)	ဆော်လမွန်ငါး	hso: la. mun nga:
steur (de)	စတာဂျင်ငါးကြီးမျိုး	sata gjin nga: gji: mjou:

haring (de)	ငါးသလောက်	nga: dha. lau'
atlantische zalm (de)	ဆော်လမွန်ငါး	hso: la. mun nga:
makreel (de)	မက်ကရယ်ငါး	me' ka. je nga:
platvis (de)	ဥရောပ ငါးဖွေး လျှာတစ်မျိုး	u. jo: pa nga: gwe: sha di' mjou:

snoekbaars (de)	ငါးပြုမအွန္နယ်ဝင်ငါးတစ်မျိုး	nga: bjei ma. anwe win nga: di' mjou:
kabeljauw (de)	ငါးကြီးဇီထုတ်သောငါး	nga: gji: zi dou' de. nga:
tonijn (de)	တူနာငါး	tu na nga:
forel (de)	ထရောက်ငါး	hta. jau' nga:

paling (de)	ငါးရှဉ့်	nga: shin.
sidderrog (de)	ငါးလက်ထုံ	nga: le' htoun
murene (de)	ငါးရှဉ့်ကြီးတစ်မျိုး	nga: shin. gji: da' mjou:
piranha (de)	အသားစားငါးငယ်တစ်မျိုး	atha: za: nga: nge ti' mjou:

haai (de)	ငါးမန်း	nga: man:
dolfijn (de)	လင်းပိုင်	lin: bain
walvis (de)	ဝေလငါး	wei la. nga:

krab (de)	ကဏန်း	kanan:
kwal (de)	ငါးဖန်ခွက်	nga: hpan gwe'
octopus (de)	ရေဘဝဲ	jei ba. we:

zeester (de)	ကြယ်ငါး	kje nga:
zee-egel (de)	သိပြုပ်	than ba. gjou'
zeepaardje (het)	ရေနဂါး	jei naga:

oester (de)	ကမာကောင်	kama kaun
garnaal (de)	ပုစွန်	bazun
kreeft (de)	ကျောက်ပုစွန်	kjau' pu. zun
langoest (de)	ကျောက်ပုစွန်	kjau' pu. zun

92. Amfibieën. Reptielen

slang (de)	မြွေ	mwei
giftig (slang)	အဆိပ်ရှိသော	ahsei' shi. de.

adder (de)	မြွေပွေး	mwei bwei:
cobra (de)	မြွေဟောက်	mwei hau'
python (de)	စပါးအုံးမြွေ	saba: oun: mwei

boa (de)	ဝေါႏကြီးျေ	saba: gji: mwei
ringslang (de)	မြုတ်ဆလျာျေ	mje' sho: mwei
ratelslang (de)	ခလောက်ဆဲျေ	kha. lau' hswe: mwei
anaconda (de)	အနာကွန်ဒါျေ	ana kun da mwei

hagedis (de)	တွားသွားသတ္တဝါ	twa: dhwa: tha' tawa
leguaan (de)	ဖွတ်	hpu'
varaan (de)	ပုတ်သင်	pou' thin
salamander (de)	ရေပုတ်သင်	jei bou' thin
kameleon (de)	ပုတ်သင်ညို	pou' thin njou
schorpioen (de)	ကင်းမြီးကောက်	kin: mji: kau'

schildpad (de)	လိပ်	lei'
kikker (de)	ဖား	hpa:
pad (de)	ဖားပျုပ်	hpa: bju'
krokodil (de)	မိကျောင်း	mi. kjaun:

93. Insecten

insect (het)	ပိုးမွား	pou: hmwa:
vlinder (de)	လိပ်ပြာ	lei' pja
mier (de)	ပုရွက်ဆိတ်	pu, jwe' hsei'
vlieg (de)	ယင်ကောင်	jin gaun
mug (de)	ခြင်	chin
kever (de)	ပိုးတောင်မာ	pou: daun ma

wesp (de)	နကျယ်ကောင်	na. gje gaun
bij (de)	ပျား	pja:
hommel (de)	ပိတုန်း	pi. doun:
horzel (de)	မှက်	hme'

| spin (de) | ပင့်ကူ | pjin. gu |
| spinnenweb (het) | ပင့်ကူအိမ် | pjin gu ein |

libel (de)	ပုစဉ်း	bazin
sprinkhaan (de)	နံကောင်	hnan gaun
nachtvlinder (de)	ပိုးဖလံ	pou: ba. lan

kakkerlak (de)	ပိုးဟပ်	pou: ha'
teek (de)	မွား	hmwa:
vlo (de)	သန်း	than:
kriebelmug (de)	မှက်အသေးစား	hme' athei: za:

treksprinkhaan (de)	ကျိုင်းကောင်	kjain: kaun
slak (de)	ခရု	khaju.
krekel (de)	ပုရစ်	paji'
glimworm (de)	ပိုးစုန်းကြူး	pou: zoun: gju:
lieveheersbeestje (het)	လေဒီဘဝါပိုးတောင်မာ	lei di ba' pou: daun ma
meikever (de)	အုန်းပိုး	oun: bou:

bloedzuiger (de)	မျှော	hmjo.
rups (de)	ပေါက်ဖတ်	pau' hpe'
aardworm (de)	တီကောင်	ti gaun
larve (de)	ပိုးတုံးလုံး	pou: doun: loun:

FLORA

94. Bomen

boom (de)	သစ်ပင်	thi' pin
loof- (abn)	ရွက်ပြတ်	jwe' pja'
dennen- (abn)	ထင်းရှူးပင်နှင့်ဆိုင်သော	htin: shu: bin hnin. zain de.
groenblijvend (bn)	အဲဗားဂရင်းပင်	e ba: ga rin: bin
appelboom (de)	ပန်းသီးပင်	pan: dhi: bin
perenboom (de)	သစ်တော်ပင်	thi' to bin
kers (de)	ချယ်ရီသီးပင်	che ji dhi: bin
zoete kers (de)	ချယ်ရီသီးအချိုပင်	che ji dhi: akjou bin
zure kers (de)	ချယ်ရီသီးအချဉ်ပင်	che ji dhi: akjin bin
pruimelaar (de)	ဆီးပင်	hsi: bin
berk (de)	ဘုဇပတ်ပင်	bu. za. ba' pin
eik (de)	ဝက်သစ်ချပင်	we' thi' cha. bin
linde (de)	လင်ဒန်ပင်	lin dan pin
esp (de)	ပေါ့ပလာပင်တစ်မျိုး	po. pa. la bin di' mjou:
esdoorn (de)	မေပယ်ပင်	mei pe bin
spar (de)	ထင်းရှူးပင်တစ်မျိုး	htin: shu: bin ti' mjou:
den (de)	ထင်းရှူးပင်	htin: shu: bin
lariks (de)	ကတော့ပုံထင်းရှူးပင်	ka dau. boun din: shu: pin
zilverspar (de)	ထင်းရှူးပင်တစ်မျိုး	htin: shu: bin ti' mjou:
ceder (de)	သစ်ကတိုးပင်	thi' gadou: bin
populier (de)	ပေါ့ပလာပင်	po. pa. la bin
lijsterbes (de)	ရာအန်ပင်	ra an bin
wilg (de)	မိုးမခပင်	mou: ma. ga. bin
els (de)	အိုလ်ဒါပင်	oun da bin
beuk (de)	ယင်းသစ်	jin: dhi'
iep (de)	အမ်ပင်	an bin
es (de)	အက်ရှ်အပင်	e' sh apin
kastanje (de)	သစ်အယ်ပင်	thi' e
magnolia (de)	တတိုင်းမွှေးပင်	ta tain: hmwei: bin
palm (de)	ထန်းပင်	htan: bin
cipres (de)	စိုက်ပရက်စ်ပင်	sai' pa. je's pin
mangrove (de)	လမုပင်	la. mu. bin
baobab (apenbroodboom)	ကန္တာရပေါက်ပင်တစ်မျိုး	kan ta ja. bau' bin di' chju:
eucalyptus (de)	ယူကလစ်ပင်	ju kali' pin
mammoetboom (de)	ဆီကွိုလာပင်	hsi gwou la pin

95. Heesters

| struik (de) | ချုံပုတ် | choun bou' |
| heester (de) | ချုံ | choun |

| wijnstok (de) | စပျစ် | zabji' |
| wijngaard (de) | စပျစ်ခြံ | zabji' chan |

frambozenstruik (de)	ရတ်စဘယ်ရီ	re' sa be ji
zwarte bes (de)	ဘလက်ကားရန့်	ba. le' ka: jan.
rode bessenstruik (de)	အနီရောင်ဘယ်ရီသီး	ani jaun be ji dhi:
kruisbessenstruik (de)	ကုလားဆီးဖြူပင်	kala: zi: hpju pin

acacia (de)	အကေရှာပင်	akei sha: bin:
zuurbes (de)	ဘားဘယ်ရီပင်	ba: be' ji bin
jasmijn (de)	စံပယ်ပင်	san be bin

jeneverbes (de)	ဂျူနီပါပင်	gju ni ba bin
rozenstruik (de)	နှင်းဆီချုံ	hnin: zi gjun
hondsroos (de)	တောရိုင်းနှင်းဆီပင်	to: ein: hnin: zi bin

96. Vruchten. Bessen

| vrucht (de) | အသီး | athi: |
| vruchten (mv.) | အသီးများ | athi: mja: |

appel (de)	ပန်းသီး	pan: dhi:
peer (de)	သစ်တော်သီး	thi' to dhi:
pruim (de)	ဆီးသီး	hsi: dhi:

aardbei (de)	စတော်ဘယ်ရီသီး	sato be ri dhi:
kers (de)	ချယ်ရီသီး	che ji dhi:
zure kers (de)	ချယ်ရီချဉ်သီး	che ji gjin dhi:
zoete kers (de)	ချယ်ရီချိုသီး	che ji gjou dhi:
druif (de)	စပျစ်သီး	zabji' thi:

framboos (de)	ရတ်စဘယ်ရီ	re' sa be ji
zwarte bes (de)	ဘလက်ကားရန့်	ba. le' ka: jan.
rode bes (de)	အနီရောင်ဘယ်ရီသီး	ani jaun be ji dhi:
kruisbes (de)	ကုလားဆီးဖြူ	ka. la: his: hpju
veenbes (de)	ကရမ်ဘယ်ရီ	ka. jan be ji

sinaasappel (de)	လိမ္မော်သီး	limmo dhi:
mandarijn (de)	ပျားလိမ္မော်သီး	pja: lein mo dhi:
ananas (de)	နာနတ်သီး	na na' dhi:
banaan (de)	ငှက်ပျောသီး	hnge' pjo: dhi:
dadel (de)	စွန်ပလွံသီး	sun palun dhi:

citroen (de)	သံပုလိုသီး	than bu. jou dhi:
abrikoos (de)	တရုတ်ဆီးသီး	jau' hsi: dhi:
perzik (de)	မက်မွန်သီး	me' mwan dhi:
kiwi (de)	ကီဝီသီး	ki wi dhi
grapefruit (de)	ဂရိတ်ဖရုသီး	ga. ri' hpa. ju dhi:

bes (de)	ဘယ်ရီသီး	be ji dhi:
bessen (mv.)	ဘယ်ရီသီးများ	be ji dhi: mja:
vossenbes (de)	အနီရောင်ဘယ်ရီသီးတစ်မျိုး	ani jaun be ji dhi: di: mjou:
bosaardbei (de)	စတော်ဘယ်ရီရိုင်း	sato be ri jain:
blauwe bosbes (de)	ဘီလ်ဘယ်ရီအသီး	bi' l be ji athi:

97. Bloemen. Planten

bloem (de)	ပန်း	pan:
boeket (het)	ပန်းစည်း	pan: ze:
roos (de)	နှင်းဆီပန်း	hnin: zi ban:
tulp (de)	ကျူးလစ်ပန်း	kju: li' pan:
anjer (de)	ဇော်မွှားပန်း	zo hmwa: bin:
gladiool (de)	သစ္စာပန်း	thi' sa ban:
korenbloem (de)	အပြာရောင်တောပန်းတစ်မျိုး	apja jaun dho ban: da' mjou:
klokje (het)	ခေါင်းရန်းအပြာပန်း	gaun: jan: apja ban:
paardenbloem (de)	တောပန်းအဝါတစ်မျိုး	to: ban: awa ti' mjou:
kamille (de)	မေ့မြို့ပန်း	mei. mjou. ban:
aloë (de)	ရှားစောင်းလက်ပတ်ပင်	sha: zaun: le' pa' pin
cactus (de)	ရှားစောင်းပင်	sha: zaun: bin
ficus (de)	ရော်ဘာပင်	jo ba bin
lelie (de)	နှင်းပန်း	hnin: ban:
geranium (de)	ကြွေပန်းတစ်မျိုး	kjwei ban: da' mjou:
hyacint (de)	ဗေဒါပန်း	bei da ba:
mimosa (de)	ထိကရုံးကြီးပင်	hti. ga. joun: gji: bin
narcis (de)	နားစီဆက်စ်ပင်	na: zi ze's pin
Oost-Indische kers (de)	တောင်ကြာကလေး	taun gja galei:
orchidee (de)	သစ်ခွပင်	thi' khwa. bin
pioenroos (de)	စန္ဒပန်း	san dapan:
viooltje (het)	ဗိုင်းအိုးလက်	bain: ou le'
driekleurig viooltje (het)	ပေါင်ဒါပန်း	paun da ban:
vergeet-mij-nietje (het)	ခင်မမေ့ပန်း	khin ma. mei. pan:
madeliefje (het)	ဒေစီပန်း	dei zi bin
papaver (de)	ဘိန်းပင်	bin: bin
hennep (de)	ဆေးခြောက်ပင်	hsei: chau' pin
munt (de)	ပူစီနံ	pu zi nan
lelietje-van-dalen (het)	နှင်းပန်းတစ်မျိုး	hnin: ban: di' mjou:
sneeuwklokje (het)	နှင်းခေါင်းလောင်းပန်း	hnin: gaun: laun: ban:
brandnetel (de)	ဖက်ယားပင်	hpe' ja: bin
veldzuring (de)	မှော်ချဉ်ပင်	hmjo gji bin
waterlelie (de)	ကြာ	kja
varen (de)	ဖန်းပင်	hpan: bin
korstmos (het)	သစ်ကပ်မှော်	thi' ka' hmo
oranjerie (de)	ဖန်လုံအိမ်	hpan ain

gazon (het)	မြက်ခင်း	mje' khin:
bloemperk (het)	ပန်းစိုက်ခင်း	pan: zai' khan:
plant (de)	အပင်	apin
gras (het)	မြက်	mje'
grasspriet (de)	ရွက်ချွန်း	jwe' chun:
blad (het)	အရွက်	ajwa'
bloemblad (het)	ပွင့်ချပ်	pwin: gja'
stengel (de)	ပင်စည်	pin ze
knol (de)	ဥမြစ်	u. mi'
scheut (de)	အပွို့အညွာက်	asou./a hnjau'
doorn (de)	ဆူး	hsu:
bloeien (ww)	ပွင့်သည်	pwin: de
verwelken (ww)	ညှိုးနွမ်းသည်	hnjou: nun: de
geur (de)	အနံ့	anan.
snijden (bijv. bloemen ~)	ရိတ်သည်	jei' te
plukken (bloemen ~)	ခူးသည်	khu: de

98. Granen, graankorrels

graan (het)	နံစားပင်တို့ ၏ အစေ့အဆံ	hnan za: bin dou. i. asei. ahsan
graangewassen (mv.)	ကောက်ပဲသီးနှံ	kau' pe: dhi: nan
aar (de)	အနံ့	ahnan
tarwe (de)	ဂျုံ	gja. mei: ka:
rogge (de)	ဂျုံရှင်း	gjoun jain:
haver (de)	မြင်းစားဂျုံ	mjin: za: gjoun
gierst (de)	ကောက်ပဲသီးနှံပင်	kau' pe: dhi: nan bin
gerst (de)	မုယောစပါး	mu. jo za. ba:
maïs (de)	ပြောင်းဖူး	pjaun: bu:
rijst (de)	ဆန်စပါး	hsan zaba
boekweit (de)	ပန်းဂျုံ	pan: gjun
erwt (de)	ပဲစေ့	pe: zei.
nierboon (de)	ဝိုလ်စားပဲ	bou za: be:
soja (de)	ပဲပုပ်ပဲ	pe: bou' pe
linze (de)	ပဲနီကလေး	pe: ni ga. lei:
bonen (mv.)	ပဲအမျိုးမျိုး	pe: amjou: mjou:

LANDEN VAN DE WERELD

99. Landen. Deel 1

Afghanistan (het)	အာဖဂန်နစ္စတန်	apha. gan na' tan
Albanië (het)	အယ်လ်ဘေးနီးယား	e l bei: ni: ja:
Argentinië (het)	အာဂျင်တီးနား	agin ti: na:
Armenië (het)	အာမေးနီးယား	a me: ni: ja:
Australië (het)	ဩစတြေးလျ	thja za djei: lja
Azerbeidzjan (het)	အာဇာဘိုင်ဂျန်း	a za bain gjin:
Bahama's (mv.)	ဘာဟာမက်	ba ha me'
Bangladesh (het)	ဘင်္ဂလားဒေ့ရှ်	bang la: dei. sh
België (het)	ဘယ်လ်ဂျီယံ	be l gji jan
Bolivia (het)	ဘိုလစ်ဗီးယား	bou la' bi: ja:
Bosnië en Herzegovina (het)	ဗော့စ်နီးယားနှင့်ဟာဇီဂိုဗီနာ	bo'. ni: ja: hnin. ha zi gou bi na
Brazilië (het)	ဘရာဇီးလ်	ba. ra zi'l
Bulgarije (het)	ဘူလ်ဂေးရီးယား	bou gei: ji: ja
Cambodja (het)	ကမ္ဘောဒီးယား	ga khan ba di: ja:
Canada (het)	ကနေဒါနိုင်ငံ	ka. nei da nain gan
Chili (het)	ချီလီ	chi li
China (het)	တရုတ်	tajou'
Colombia (het)	ကိုလမ်းဘီးယား	kou lan: bi: ja:
Cuba (het)	ကျူးဘား	kju: ba:
Cyprus (het)	ဆူးပရက်စ်	hsu: pa. je' s te.
Denemarken (het)	ဒိန်းမတ်	dein: ma'
Dominicaanse Republiek (de)	ဒိုမီနီကန်	dou mi ni kan
Duitsland (het)	ဂျာမန်	gja man
Ecuador (het)	အီကွေဒေါ	i kwei: do:
Egypte (het)	အီဂျစ်	igji'
Engeland (het)	အင်္ဂလန်	angga. lan
Estland (het)	အက်စ်တိုးနီးယား	e's to' ni: ja:
Finland (het)	ဖင်လန်	hpin lan
Frankrijk (het)	ပြင်သစ်	pjin dhi'
Frans-Polynesië	ပြင်သစ် ပေါ်လီးနီးရှား	pjin dhi' po li: ni: sha:
Georgië (het)	ဂျော်ဂျီယာ	gjo gji ja
Ghana (het)	ဂါနာ	ga na
Griekenland (het)	ဂရိ	ga. ri.
Groot-Brittannië (het)	အင်္ဂလန်	angga. lan
Haïti (het)	ဟိုင်တီ	hain ti
Hongarije (het)	ဟန်ဂေရီ	han gei ji
Ierland (het)	အိုင်ယာလန်	ain ja lan
IJsland (het)	အိုက်စလန်း	ai' sa lan:
India (het)	အိန္ဒိယ	indi. ja
Indonesië (het)	အင်ဒိုနီးရှား	in do ni: sha:

Irak (het)	အီရတ်	ira'
Iran (het)	အီရန်	iran
Israël (het)	အစ္စရေး	a' sa. jei:
Italië (het)	အီတလီ	ita. li

100. Landen. Deel 2

Jamaica (het)	ဂျမေးကား	g'me:kaa:
Japan (het)	ဂျပန်	gja pan
Jordanië (het)	ဂျော်ဒန်	gjo dan
Kazakstan (het)	ကာဇက်စတန်	ka ze' satan
Kenia (het)	ကင်ညာ	kin nja
Kirgizië (het)	ကာဂျီကာစွတန်	ki' ji ki' za. tan
Koeweit (het)	ကူဝိတ်	ku wi'
Kroatië (het)	ခရိုအေးရှား	kha. jou ei: sha:
Laos (het)	လာအို	la ou
Letland (het)	လတ်ဗီယန်	la' bi jan
Libanon (het)	လက်ဘနွန်	le' ba. nun
Libië (het)	လီဗီယာ	li bi ja
Liechtenstein (het)	ဘာဒီကန်လူမျိုး	ba di gan dhu mjo:
Litouwen (het)	လစ်သူနီယံ	li' thu ni jan
Luxemburg (het)	လူဆင်ဘော့	lju hsan bo.
Macedonië (het)	မက်စီဒိုးနီးယား	me' hsi: dou: ni: ja:
Madagaskar (het)	မဒဂက်ကာစကာ	ma de' ka za ga
Maleisië (het)	မလေးရှား	ma. lei: sha:
Malta (het)	မာတာ	ma ta
Marokko (het)	မော်ရိုကို	mo jou gou
Mexico (het)	မက္ကဆီကိုနိုင်ငံ	me' ka. hsi kou nain ngan
Moldavië (het)	မိုဒိုဗာ	mou dou ja
Monaco (het)	မိုနာကို	mou na kou
Mongolië (het)	မွန်ဂိုလီးယား	mun gou li: ja:
Montenegro (het)	မွန်တန်နီဂရို	mun dan ni ga. jou
Myanmar (het)	မြန်မာ	mjan ma
Namibië (het)	နမ်မီးဘီးယား	nami: bi: ja:
Nederland (het)	နယ်သာလန်	ne dha lan
Nepal (het)	နီပေါ	ni po:
Nieuw-Zeeland (het)	နယူးဇီလန်	na. ju: zi lan
Noord-Korea (het)	မြောက်ကိုရီးယား	mjau' kou ji: ja:
Noorwegen (het)	နော်ဝေး	no wei:
Oekraïne (het)	ယူကရိန်း	ju ka. jein:
Oezbekistan (het)	ဥဇဘက်ကစွတန်	u. za. be' ki' sa. tan
Oostenrijk (het)	သြစတြီးယား	o. sa. tji: ja:

101. Landen. Deel 3

Pakistan (het)	ပါကစ္စတန်	pa ki' sa. tan
Palestijnse autonomie (de)	ပါလက်စတိုင်း	pa le' sa tain:
Panama (het)	ပနားမား	pa, na; ma;

Paraguay (het)	ပါရာဂွေး	pa ja gwei:
Peru (het)	ပီရူး	pi ju:
Polen (het)	ပိုလန်	pou lan
Portugal (het)	ေပါ်တူဂီ	po tu gi
Roemenië (het)	ရူေမးနီးယား	ru mei: ni: ja:

Rusland (het)	ရုရှား	ru. sha:
Saoedi-Arabië (het)	ေဆာ်ဒီအာေရ္ဗီးယား	hso: di a jei. bi: ja:
Schotland (het)	စေကာ့တလန်	sa. ko: talan
Senegal (het)	ဆယ်နီေဂါ	hse ni go
Servië (het)	ဆယ်ဗီယံ	hse bi jan.
Slovenië (het)	ဆလိုဗီနီးယား	hsa. lou bi ni: ja:
Slowakije (het)	ဆလိုဗာကီယာ	hsa. lou ba ki ja
Spanje (het)	စပိန်	sapein

Suriname (het)	ဆူရီနိမ်း	hsu. ji nei:
Syrië (het)	ဆီးရီးယား	hsi: ji: ja:
Tadzjikistan (het)	တာဂျစ်ကစ္စတန်	ta gji' ki' sa. tan
Taiwan (het)	ထိုင်ဝမ်	htain wan
Tanzania (het)	တန်ဇားနီးယား	tan za: ni: ja:
Tasmanië (het)	တာစ်ေမးနီးယား	ta. s mei: ni: ja:
Thailand (het)	ထိုင်း	htain:

Tsjechië (het)	ချက်	che'
Tunesië (het)	တူနစ်ရှား	tu ni' sha:
Turkije (het)	တူရကီ	tu ra. ki
Turkmenistan (het)	တာ့မင်နစ္စတန်	ta' min ni' sa. tan
Uruguay (het)	အူရူဂွေး	ou. ju gwei:
Vaticaanstad (de)	ဗာတီကန်	ba di gan
Venezuela (het)	ဗယ်နီဇွဲလား	be ni zwe: la:
Verenigde Arabische Emiraten	အာရပ်နိုင်ငံများ	a ra' nain ngan mja:

Verenigde Staten van Amerika	အေမရိကန် ပြည်ေထာင်စု	amei ji kan pji htaun zu
Vietnam (het)	ဗီယက်နမ်	bi je' nan
Wit-Rusland (het)	ဘီလာရုစ်	bi la ju'
Zanzibar (het)	ဇန်ဇီဘာ	zan zi ba
Zuid-Afrika (het)	ေတာင်အာဖရိက	taun a hpa. ji. ka.
Zuid-Korea (het)	ေတာင်ကိုရီးယား	taun kou ri: ja:
Zweden (het)	ဆွီဒင်	hswi din
Zwitserland (het)	ဆွစ်ဇာလန်	hswa' za lan

www.ingramcontent.com/pod-product-compliance
Lightning Source LLC
Chambersburg PA
CBHW070820050426
42452CB00011B/2121